Gabriele Strehle
Ob ich das schaffe

Gabriele Strehle

Ob ich das schaffe

Der andere Weg zum Erfolg

Text: Eva Gesine Baur

Deutsche Verlags-Anstalt
Stuttgart · München

Für Gerd

INHALT

9 Vorwarnung

13 Kindheit

15 Weshalb es wunderbar ist, kein Wunderkind zu sein
19 Warum es ein Vorteil ist, überempflindlich zu sein
24 Wie Spätzle qualitätsbewusst machen
29 Was Hautgummi-Annähen für die Entwicklung bringt
32 Wie ein Leben (fast) ohne Urlaub Spaß macht

37 Das kreative Zweifeln

42 Was es bringt, nicht wortgewandt zu sein
45 Warum Heimweh ein gutes Gefühl ist
48 Wie man sich Heimaten baut
52 Warum es befreit, kein Vermögen zu haben
58 Was an manchen Schönheitsfehlern schön ist
61 Warum unerfüllte Wünsche oft die besten sind

65 Das lustvolle Kämpfen

65 Warum es befreit, unterschätzt zu werden
69 Was es bringt, nicht von sich überzeugt zu sein
72 Wie Peinlichkeiten erfreulich werden
75 Wann bleiben besser ist als gehen
78 Warum Streiten Erfolg beschert

81 Weshalb Verlust Gewinn sein kann
87 Was Zweifel besiegen kann

93 **Die belebenden Ängste**

93 Warum auch schlimme Träume gut sind
96 Wie sich mit Stress besser leben lässt
132 Warum ich Scheuklappen trage
137 Wie Missgunst einen bestätigen kann
142 Was Märchen helfen
150 Warum gute Köche ein Erfolgsrezept haben

155 **Das inspirierende Chaos**

155 Warum es hilft, sich hilflos zu fühlen
159 Weshalb Kinder stören sollen
163 Warum es aufbaut, eine Wahlfamilie zu haben

167 **Das komplizierte Vereinfachen**

167 Wie eine Klassefrau zum ästhetischen Risiko werden kann
171 Warum Details erst Stil ausmachen
176 Weshalb Brüche zum Stil gehören
179 Weshalb Fehler Sympathien bescheren können

183 **Die lebensnotwendigen Macken**

183 Weshalb man sich mal unbeliebt machen darf
190 Warum es ein großer Vorteil sein kann, auf Kleinigkeiten herumzureiten

194 Wann seltsames Verhalten erlaubt ist
199 Warum Instinktsichere oft uncharmant wirken

205 Entwarnung

205 Warum mein Kreis meine Mitte ist

211 Mein sinnliches Alphabet

221 Bildnachweis

VORWARNUNG

Lieben Sie perfekte Stars? Und wollen Sie selbst einer werden?

Suchen Sie einen Back-Stage-Bericht, wie man als Frau in der Mode erfolgreich wird? Oder brauchen Sie Geheimtipps für eine steile Karriere?

Dann legen Sie dieses Buch bitte sofort zur Seite.

Dieses Buch sagt keinem, wie Erfolg geht – schon weil ich das gar nicht zu sagen wüsste. Es liefert weder Gebrauchsanweisungen noch Rezepte.

Dieses Buch ist auch kein Sachbuch über Mode und Modedesign, wie es von einer Frau in meinem Beruf zu erwarten wäre.

Dieses Buch ist nicht einmal eine richtige Autobiographie, weil mein Leben sensationell sensationslos ist. Fragt sich natürlich jeder vernünftige Mensch: Ja warum schreibt sie denn dann ein Buch?

Einfach deswegen, weil ich gebeten wurde. Nein, nicht vom Verlag, von jungen Leuten und von solchen, die nicht mehr ganz jung sind und eins gemeinsam haben: Sie merken, dass sie nicht gebaut sind für die heute übliche Art, Karriere zu machen. Zu langsam, zu gründlich, zu still, zu verletzbar, zu dünnhäutig, nicht gut in der Schule, zu wenig diplomatisch, zu wenig anpassungsfähig an das, was gerade angesagt ist, oder zu wenig eloquent.

Das Buch hier ist also ein Ermunterungsbuch für Spätzünder, für leise Begabungen, für Leute, die aus Rührung sofort heulen, und für Menschen, die besser denken als reden. Für alle, die sich nicht verkaufen können, aber gerne ihre Ideen vermitteln wollen. Und für alle, die Angst haben, es sei schon zu spät, um richtig anzufangen, weil sie nicht mehr zwanzig sind.

Ich versuche nur an meinem so gar nicht glamourösen Beispiel zu zeigen: Das, was sich Erfolg nennt, ist nicht nur auf der so gern als Ideal dargestellten Autobahn zu erreichen, also nicht nur auf dem direkten Weg von A nach B und in Höchstgeschwindigkeit. Sondern auch auf einem Feldweg, auf dem Stolpersteine liegen, auf dem es Schlaglöcher gibt, staubt oder matscht, je nach Wetterlage, und auf dem das Weiterkommen deutlich länger braucht. Trotzdem bietet der mühsame Feldweg viele Vorteile. Und darüber kann ich reden.

Die Autobahn zum Erfolg verengt den Blick. Nicht nur weil die Natur weitgehend ausgeblendet wird, auch weil die mehrspurige Schnellstrecke zu einer unproduktiven Beschränkung zwingt. Die Gefährlichkeit der Lage verbietet es, den Blick schweifen oder gar auf etwas ruhen zu lassen. Karrieristen rasen dahin, im Vollgefühl der Effizienz: was sich nicht lohnt, was sich nicht auszahlt, was Zeit kostet oder Aufmerksamkeit, wird einfach nicht wahrgenommen. Sie merken nicht, wie ihre Interessen außerhalb des Jobs verkümmern, wie ihre Freunde zu kurz kommen, der Partner oder die ganze Familie vertrocknen.

Der Feldweg weitet den Blick, indem er ihn ablenkt. Und damit oft auf das Wesentliche lenkt. Der Blick darf sich verlieren, wie derjenige, der auf dem Feldweg geht, sich in Gedanken verlieren darf. Natürlich stört es auf dem Weg zum Erfolg, ein Kind zu kriegen, natürlich stiehlt es Energie und Zeit, für Freunde zu kochen, natürlich bringt es ab vom Job, sich mit Dingen zu beschäftigen, die gar nichts damit zu tun haben, natürlich bringt es kein Geld, Träumen nachzuhängen. Aber gerade von da kommen dann die wesentlichen Anregungen.

Die Autobahn macht aggressiv, denn jeder fühlt sich dort herausgefordert, bedrängt, beengt und von Konkurrenten gejagt. Es entsteht eine Kampfsituation, in die auch diejenigen hineingezogen werden, die ganz friedlich langsam und gleichmäßig ihr Ziel angehen wollen.

Der Feldweg macht defensiv. Denn er ist unberechenbar. Er fordert eine Aufmerksamkeit, die dem Wanderer mitteilt, dass nicht er die Vorgaben macht, sondern die Natur, die Umstände, die Witterung.

Auf der Autobahn gibt es selten kleine Unfälle, vor allem, wenn sie sich bei hohem Tempo ereignen. Schwere Verletzungen sind das Übliche – und oft erwischt es den am heftigsten, der gar nicht Unfallverursacher ist. Genau so passiert es oft den Hochgeschwindigkeitskarrieristen.

Auf dem Feldweg kann auch etwas Unvorhergesehenes passieren, selten aber geschieht etwas Katastrophales. Und fast immer – von herabstürzenden Ästen abgesehen – muss der Wanderer an dem Zwischenfall sich selbst die Schuld geben, weil er unachtsam war.

Das Angenehme auf dem Feldweg: man ist weitgehend unbeobachtet.

Wer dort geht, macht seinen Weg deswegen sehr viel ruhiger. Wird weniger angefeindet und beneidet, weil die meisten ihn nicht wahrnehmen.

Erst wenn er angelangt ist an einem bestimmten Etappenziel, sagen die anderen: »Hoppla, wo kommt der denn auf einmal her?«

Viele Menschen, die mich von früher her kannten, haben sich verblüfft die Augen gerieben, als dort, wo allgemein die Spitze vermutet wird, plötzlich die Gabriele stand, die doch eigentlich gar nichts so gemacht hatte, wie man es machen muss, um dorthin zu gelangen. Und von der gar nicht viel zu hören und zu sehen war.

Ich bin nicht behelligt worden und kaum befehdet, weil kaum einer bemerkt hat, wo ich da vor mich hingewandert bin.

Das klingt jetzt fast so, als sei ich jemand, der sich ganz klar eine Lebensphilosophie zurechtgelegt hat und konsequent danach lebt.

Das wäre sehr überlegen, trifft aber leider nicht zu.

Bei mir ergab sich die Entscheidung für den Feldweg an Stelle der Autobahn, weil ich auf der Autobahn gar nicht mitgekommen wäre. Ich kannte einfach die Regeln nicht, die dafür gelten. Anders gesagt: Ich war und bin ein Mensch, der in jeder Hinsicht langsam ist, außer in manueller. Ich bin ein Spätzünder gewesen, körperlich und seelisch. Wenn Witze erzählt werden, lache ich nie als Erste, ich bin nicht schlagfertig, lese im Viertel Tempo meines Mannes, schließe auch nicht schnell Bekanntschaften oder gar Freundschaften. Mir wäre es auf der Autobahn zum Erfolg gegangen wie jemand, der dort Dreirad fährt.

Das Buch soll also nur eins: allen, die wie ich ungeeignet sind für die Autobahn-Karriere, sagen, dass das kein Mangel ist, sondern eine Chance. Die Chance, Abschied zu nehmen von der Geraden.

KINDHEIT

Eine Frau, perfekt gestylt vom gegelten Haar bis zu den schwarzen Pumps mit dem derzeit angesagten Absatz, geht in eine Ausstellung im Münchner Stadtmuseum. Eine Ausstellung über die Meisterschule für Mode. Der Direktor der Schule, grade selbst hier zu Gast, erinnert sich, sie von irgendwoher zu kennen. Vielleicht von der Schule?

Er bleibt vor demselben Exponat stehen wie sie und lässt einen Versuchsballon los. »Leider haben wir hier nichts von Gabriele Strehle«, sagt er. »Dabei ist sie die Einzige aus unserer Schule«, sagt er, »die wirklich berühmt geworden ist.«

»Ach ja?«, sagt die perfekt gestylte Dame.

Neben den beiden steht eine Frau in schwarzen Leggins, einem schwarzen Pullover und Turnschuhen. Grauhaarig, ungeschminkt, ungestylt. Sie hält sich die Hand vor den Mund, damit man ihr Grinsen nicht sieht. Dann geht sie rüber zu Sport-Scheck, Jogging-Sachen einkaufen. Und als dort die Frau an der Kasse sagt: »Wissen Sie was? Sie sehen dieser Gabriele Strehle unglaublich ähnlich«, da sagt sie gefasst: »Echt?«. Erst auf der Straße lacht sie.

Ich habe mich an vieles gewöhnt. An die Tatsache, dass es eine Illusion bleibt, irgendwann mal weniger zu arbeiten. An die Tatsache, dass Familie ein Synonym für Chaos ist. An die Tatsache, dass ich mit jedem Jahr ein paar Falten mehr bekomme. Und daran, dass älter werden eine ziemlich harte Übung ist. Ich habe mich sogar daran gewöhnt, Fragebögen zu beantworten und in völlig erschöpftem Zustand noch halbwegs freundlich Interviews zu geben. Nur an eines nicht: dass ich in irgendeiner Weise prominent bin. Denn das passt einfach nicht zu mir. Noch schlechter passt es zu mir zu schreiben. Und am allerschlechtesten passt es zu mir, über mich ein ganzes Buch zu schreiben. »Was willst du denn in so einem Buch erfahren?«, habe ich auf dem Geburtstagsfest meiner physischen Muse, besser bekannt als Heilpraktiker, dessen Tochter Maria gefragt. »Na ja, das ist doch logisch: wie du so erfolgreich geworden bist.«

Maria war in der Schule das konsequente Gegenteil von einem Streber und hat auch sonst bei allem Charme die Belastbarkeit der elterlichen Sorge gründlich getestet. Jetzt will sie ins Modegeschäft. Textildesign oder so etwas.

»Ich habe da leider kein Rezept dafür«, habe ich ihr geantwortet.

»Ja aber warst du denn nicht schon immer was Besonderes?«

»Nein«, habe ich gesagt. »Ich war immer etwas ganz Normales, und mein Leben war immer ganz gewöhnlich. Ungewöhnlich ist an mir nur meine Beharrlichkeit.«

Und da strahlte sie und sagte: »Darüber würd' ich gern was lesen.«

Weshalb es wunderbar ist,
kein Wunderkind zu sein

»Was«, fragt eine Freundin, »war denn dein größtes Erfolgserlebnis als Kind?«
Gabriele brütet. Plötzlich geht ein erlösendes Lächeln über ihr Gesicht. »Ich habe vor lauter Spielen eine Zeitlang einfach den Weg zum Klo nicht schnell genug geschafft. Ich hab mich schrecklich dafür geniert – trotzdem ist es immer wieder passiert. Und dann hab' ich dran gedacht, dass ich ja eine würdige Klosterschwester wie die Großtante werden wollte und denen so etwas nicht passieren darf, weil es sonst nichts ist mit der Würde. Auf einmal hab' ich es geschafft.«

Bei mir war der Start weder tragisch noch dramatisch, sondern richtig banal. So gesehen ist es gut, dass ich keinen PR-Manager habe, den das verzweifeln ließe. Ich bin nämlich auch noch glücklich drüber, dass meine Kindheit so durchschnittlich war. Und bin froh, sie nicht zu etwas Besonderem zurechtlügen zu müssen. Gut, es ist mühsam, als Designerin bekannt zu werden. Aber es dann zu sein, ist viel leichter als für einen bekannten Film- oder Popstar. Ganz zu schweigen von einer Geigerin, Pianistin oder Tänzerin. Denn von einer Designerin erwartet wenigstens keiner, dass sie schon als Wunderkind angefangen hat. Bei musisch Hochbegabten oder auch bei Ausnahmehirnen in Mathematik oder Physik werden die Elternhäuser gestürmt und mit der ungeheuer originellen Frage bedrängt: Wann hat sich denn die Begabung bei Ihrem Kind gezeigt?

Und meistens ist es wirklich so: Solche Genies konnten schon mit sechs die Teufelstrillersonate auf der Geige spielen oder den Mephistowalzer auf dem Klavier, haben im Vorschulalter schneller gerechnet als jeder Taschenrechner oder konnten zumindest mit vier bereits perfekt lesen oder auf Spitzen tanzen. Und Babyrekorde kommen gut an – egal, ob das Kind dabei gelitten hat oder nicht.

Die meisten Eltern träumen davon, so ein Wunderkind zu bekommen, und viele Menschen hängen im Erwachsenenalter noch der entgangenen Chance nach, eins gewesen zu sein. »Wenn ich so gefördert worden wäre wie der Mozart«, höre ich oft, »dann wäre aus mir auch etwas Großes geworden.« Nur weil die Förderung fehlte, hat derjenige es dann nicht weiter als bis zum Abteilungsleiter im Elektrogroßhandel gebracht – behauptet jedenfalls er selbst. »Schicksal«, heißt es, aufseufzend, achselzuckend.

Es ist gar nicht so schwierig, sein Leben als eine einzige Abfolge verpasster Chancen zu sehen. Wenn jemand diese Kunst beherrscht, heißen seine zentralen Wörter ›wäre‹ oder ›hätte‹. Das Praktische an dieser Sicht der Dinge ist, dass immer die anderen oder die Umstände schuld sind an der eigenen Erfolglosigkeit. Das Unpraktische ist, dass diese Sicht der Dinge dem Erfolg so zuträglich ist wie Stacheldrahtzäune dem Vorwärtskommen.

Alles lässt sich im Nachhinein als Hindernis oder Erschwernis deuten.

Eltern mit zu wenig Ehrgeiz? Schlimm. Eltern mit zu viel Ehrgeiz? Noch schlimmer, denn sein Ruf ist miserabel. Niemand bekennt sich freiwillig zu ihm, nicht einmal diejenigen, die damit reich ausgestattet und mit diesem Antrieb nach oben gekommen sind. Vielleicht hängt das in Deutschland mit seiner Bezeichnung zusammen. Ich finde auch, dass Ehrgeiz übel klingt. Das französische *ambition* oder das italienische *ambizione* hören sich da entschieden angenehmer an. Allerdings gibt es auch bei den Franzosen einen Ausdruck für den Ehrgeiz, der für die meisten Menschen unsympathisch klingt: *désir de vaincre* – zu Deutsch: der Wunsch zu übertreffen. Und ich frage mich oft: Ist dieser Wunsch denn so sträflich? Manche Psychologen behaupten, der sei in jedem Menschen angelegt, es sei so überflüssig, einem Kind Ehrgeiz anzuerziehen wie einem Fisch einen Schwimmkurs zu verpassen. Wenn ich heute Biographien von Stars, gerade von Film- oder Popstars, lese, begegne ich immer wieder denselben und, ich befürchte, meistens wahren Geschichten. Der Anfang war hart, oft waren die Eltern gefühlskalt, drogensüchtig oder alkoholabhängig. Oder aber sie waren von einem versengenden Ehrgeiz getrieben, aus dem Kleinen etwas Großes zu machen, Eislaufmütter oder -väter. Im einen Fall kam also der Wunsch, die anderen zu übertreffen, um so den Makel der Herkunft auszugleichen, vom Kind – Erfolg als Flucht. Im anderen Fall kam er von den Eltern. Die selber nennen das dann natürlich ›Förderung‹. Zeigt das Kind ungewöhnliche Talente, behaupten die Eltern auch gern, das sei vererbt, wenngleich bei ihnen das Ganze nicht zum Ausbruch gekommen sei. Nicht gefördert. Schicksal.

Ich bekenne: Meine Kindheit war absolut katastrophenfrei. Mehr noch: wohl behütet und glücklich. Eine ganz normale Geschichte. Der Ehrgeiz meiner Mutter –

mein Vater hatte davon offen gestanden weniger – war menschlich dosiert und hat durchaus das Richtige bewirkt. Nur nicht bei mir.

Ich hatte zwei ältere Geschwister, die konnte man schon etwas Besonderes nennen in einem Umfeld wie unserem, dem Allgäudorf Hawangen bei Memmingen. Und auch in unserer Familie: der Vater Molkereichef, die Mutter gelernte Kindergärtnerin. Mein älterer Bruder Martin war fast ein mathematisches Genie und verrechnete sich manchmal auf so hohem Niveau, dass er dafür eine Eins bekam. Und meiner Schwester Lisa fiel jede Art von Lernen leicht. Klavier, Lateinvokabeln, fade Balladen. Ich hingegen war nie ein Wunderkind, nur ein Verwunder-Kind. Wenn es wahr ist, was meine Geschwister erinnern, war ich von Anfang an nur anders – besorgniserregend anders, meistens. Irgendetwas stimmte nicht mit mir, ich war wie ein falscher Ton in der familiären Harmonie. Doch den hat keiner unterdrückt, verboten oder übertönt. Und heute weiß ich, dass jenseits von Chancen, Begabung und Förderung es jedem Kind gut tut, wenn es wie ich mit allen Absonderlichkeiten, Schwächen und Störungen eingebaut wird in den sozialen Klang daheim. Eine Dissonanz belebt die Musik, scheint es bei uns geheißen zu haben. Und die Dissonanz bringt Spannung ins harmonische Gebilde. Jedenfalls wurde ich von Anfang an als ein Wesen eingestuft, das man schonen müsse, und das war mir nur recht. Mutters Ehrgeiz – und sie besaß eine ordentliche Portion davon, hatte schließlich ihr Abitur gemacht und war nebenbei Schöffin – richtete sich auf Martin und Lisa, die vielversprechende Talente hatten.

Vielleicht hat auch sie wie fast alle Eltern ganz heimlich von einem Wunderkind geträumt. Die meisten Eltern haben ja welche, ohne es zu bemerken. Denn es ist wirklich so, dass Kinder im Vorschulalter sehr oft etwas Geniales besitzen, das später erst durch die Zwänge der Anpassung zerstört oder zumindest eingeebnet wird. Alle Kinder sind in gewisser Hinsicht Künstler. Von mir sind allerdings keine besonderen künstlerischen Vermächtnisse überliefert. Nur die übereinstimmenden Berichte, dass ich das war, was man in Bayern ein ›Verreckerl‹ nennt – ein Kind, bei dem sich die Eltern über jeden Tag wundern, den es übersteht, wächst und sich weiterentwickelt. Also eben diese Art Verwunder-Kind. Üblicherweise erzählen Eltern von ihrem Kind gerne Geschichten, in denen klar wird: unseres ist etwas Besonderes. Meine Eltern hatten, was mich anging, nie derartige Sensationen zu bieten. Bestenfalls solche aus dem Bereich der Sorge.

Warum es ein Vorteil ist, überempfindlich zu sein

Das Hotel ist so perfekt, dass es Angst macht. Ein Mensch stört beinahe in dieser kühlen Vollendung. Aber Peter Schmidt, Designer, liebt es und hält es in keinem anderen Hotel hier in London mehr aus. Also kommen auch seine beiden Geschäftspartner aus Nördlingen hierher, denen das Haus eigentlich viel zu teuer erscheint. Mit Peter Schmidts Mitarbeiter sitzen sie nun im Hempel's und debattieren. Es geht um die Entwicklung eines Designerdufts. Aber er soll nicht nach Peter Schmidt heißen, sondern nach der Frau aus Nördlingen, Gabriele Strehle. Doch Peter Schmidt soll die Linie, die Flakons, die Verpackung entwerfen. Um klar zu machen, wie er das ganze Vorhaben sieht, erzählt er zuerst einmal, wie er Gabriele Strehle sieht. Es klingt positiv, sehr positiv. Balsam für die Ohren. Doch die Ohren, in die er gehen sollte, sind nebst zugehöriger Frau schlagartig verschwunden. Auf die Toilette? Nein, Zum Fenster raus? Nein. Tapetentüren gibt es nicht. Ihr Ehemann findet sie. Sie hat sich unter den Tisch verkrochen. Denn ihr ist schlecht. Ihr wird immer schlecht, wenn jemand zu viel Gutes über sie sagt. Weil es nur zwei Möglichkeiten gibt; es zu glauben, dann geht's ihr ans Herz. Oder es nicht zu glauben, dann schlägt es ihr auf den Magen.

Kaum war ich auf der Welt, zerkratzte ich mir derart das Gesicht, dass ich sofort mit weißen Baumwollhandschuhen ausstaffiert wurde. Ich war, wie meine Mutter das liebevoll ausdrückte, »überempfindlich«.

Das heißt, dass ich auf alles, was für mein Empfinden zuviel war, allergisch reagiert habe im übertragenen Sinn – mit einer Abstoßungsreaktion. Und das wurde nicht verdammt, verpönt, schlecht gemacht, es wurde aber auch nicht übertrieben berücksichtigt. Es wurde angenommen. Ich musste zwar einsehen, dass ich mit meinem Anderssein nichts erpressen konnte, dass ich damit kein Druckmittel in der Hand hatte, doch ich habe auch gespürt, dass ich trotzdem dazugehörte: Auf eine unauffällige Art wurde Rücksicht darauf genommen, dass ich weniger belastbar war. Mittlerweile bin ich davon überzeugt: Überempfindlichkeit ist oft die

Schattenseite dessen, was als Sensibilität geschätzt wird. Und Schattenseiten lassen sich von Sonnenseiten nicht trennen.

Umgekehrt gesagt: Menschen, die mehr spüren, sind auch verletzbarer. Damit zahlen sie für den Vorteil, intensiver zu fühlen, auf leise Reize zu reagieren, vieles zu registrieren, was andere gar nicht wahrnehmen. Dünnhäutig zu sein ist ein Problem *und* eine Chance. Anfangs war es für mich nur ein Problem. Das mit der Chance habe ich erst ziemlich spät begriffen. Genutzt aber habe ich es schon bald.

Meine Eltern haben, ohne sich dessen bewusst zu sein, jedes von uns vier Kindern – auch meinen jüngeren Bruder Alfons – anders erzogen und behandelt, ohne dass einer das als ungerecht empfunden hätte. Es gab keine stereotype Verteilung von Pflichten, was in meinem Fall besonders sinnvoll war, denn sonst hätte ich sehr viel Geld und Nerven gekostet. Beim Kochen musste oder durfte Lisa helfen – ich nicht. Ich war nur zum Abtrocknen zugelassen. Niemand hat mich daran gehindert, stundenlang mit meinen Puppen zu spielen. Es heißt ja, an den Spielen eines Kinds lasse sich erkennen, was es als Erwachsener mal zum Lebensinhalt macht. Es sah bei mir also nach vielfacher Mutter aus. Allerdings hat das Anziehen und Ausziehen der Puppen eine zentrale Rolle gespielt. Also doch ein Hinweis? Jedenfalls hat niemand versucht, mich zu größerem schulischem Fleiß anzustacheln und die Puppen als Kinderkram zur Seite zu legen. Meine Eltern haben es hingenommen, dass ich unter der Schule litt, und nicht versucht, sie mir schönzureden. Und ich habe mir geschworen, nie zu vergessen, dass mein Glück mit dem ersten Schultag erloschen ist. Das lässt sich sogar auf Fotos erkennen: Obwohl ich dauernd krank war als Kind, sieht man ein breites Grinsen oder ein Lächeln und fröhliche Augen. Aber kaum war ich eingeschult, ist von dem Strahlen nichts mehr zu sehen, so, als hätte jemand das Licht ausgeknipst. Denn Schule war für mich gleichbedeutend mit Angst haben. Die große, schwere, schwarzhaarige Lehrerin empfand ich als monströs und bedrohlich. Noch immer steht sie als Schreckensbild vor mir – eine Frau, die nichts von einer Frau hatte. Die mich nie berührte, die nie lächelte und nie vergeben konnte. Ein Wesen, dass nur befahl mit einer männlichen Stimme. Ihre Vorschriften haben mich bedrängt, weil ich sie nicht verstand. Und ich habe mich wahrscheinlich deswegen zu Hause immer mehr zurückgezogen in meine Kinderwelt. Man muss kein Oskar Matzerath sein – es gibt unauffälligere Methoden, sich dem Großwerden zu entziehen. Aber erst spät habe ich, so absurd es klingt, einige Parallelen zwischen Oskar, dem Gnom, und mir entdeckt: seine Hellhörigkeit, die zum Hindernis wird, seine Hartnäckigkeit, die Wirklichkeit zu ertrommeln, seine Fähigkeit, Glas zu zersingen: Alles ging über das Ohr, das Gehörte, den Klang, den Ton. Bei mir ging alles über die Haut und das sollte so bleiben. Nein, ich bin weit entfernt davon gewesen, wie Oskar hellsichtig zu sein, trotzdem spüre ich im Nachhinein eine Ähnlichkeit in der Beharrlichkeit, für die man für die Umwelt zum Sonderling wird. Anders als im Film endet ja der Oskar von Günther Grass in der Irrenanstalt. Irre bin ich nur deswegen nicht geworden an der Welt, weil ich nicht wie

Oskar in einer Welt der Lüge und des Blendwerks groß geworden bin, sondern in einer friedlichen, verständnisvollen, aufrichtigen. Doch geflohen bin ich auch vor all dem, was Erwachsensein bedeutete. Meine Welt waren und blieben die Puppen. Ich habe sie gebadet und gewickelt, gefüttert und angezogen. Die Garderobe der Puppen hatte für mich mehr Bedeutung als meine eigene, und nichts freute mich mehr als neue Kleider für die Schildkröt-Kinder. Ich erinnere mich genau, wie ich an einem Abend noch mal ins Wohnzimmer kam und meine Mutter an einem hellgelben Puppenjäckchen mit einem Muschelrelief häkelte. Sie hat böse reagiert, weil das Ganze eine Überraschung werden sollte, aber mich hat das damals erregt wie andere Kinder vielleicht, wenn sie das Geheimnis des Sex entdecken. Warum? Wenn ich heute darüber nachdenke, vermute ich, dass es die Offenbarung war: Diese Wunderwerke, die mich jeden Tag beschäftigt haben, kann ein Mensch selber herstellen, ein ganz normaler Mensch wie meine Mutter. Und sie beließ mich in dieser kindlichen Aura, in der ein Puppenjäckchen zu den aufregendsten Erlebnissen gehörte. Ein Kind lange Kind sein lassen ist ein Verhalten, das heute völlig außer Mode gekommen zu sein scheint. Mütter sind heute nebenberufliche Fuhrunternehmen, weil die Kleinen unbedingt schon mit vier ins Ballett, in den Geigen- oder Klavierunterricht oder zu den Tennisstunden gehen müssen. Ich durfte einfach verspielt und verträumt sein. Und habe wie viele dünnhäutige Kinder meine eigenen Inseln entdeckt. Inseln, auf denen ich einfach schauen, sogar glotzen durfte. Alles, was mit Nähen und anderen Handarbeiten zu tun hatte, hat auf mich eine Magie ausgeübt, schon weil das etwas Ungefährliches, Friedliches besaß, was mich tröstete und beruhigte. Noch heute habe ich den Geruch von Stoffen aus der Kindheit in der Nase. Ich weiß genau wie es roch, wenn die Weißnäherin zu uns ins Haus kam – ein längst ausgestorbener Beruf – und Wäsche reparierte, Bettwäsche, Tischwäsche, Haushaltswäsche. Da wurde aus einem Leintuch, das immerhin noch ein Leinentuch war, aber durchgelegene Stellen hatte, ein Kopfkissen, und aus einem Tischtuch mit untilgbaren Flecken oder Löchern wurden ein paar Servietten. Die Weißnäherin war eine fette, hässliche Frau, aber fasziniert hat sie mich trotzdem. Ähnlich war es mit den zwei Schwestern, zwei unschönen alten Jungfern, die in einem Eckhaus in Ottobeuren gewohnt haben und zu denen wir hingefahren sind, um unsere Kleider ändern zu lassen. Vor allem die von Lisa für mich, was ich nicht ausstehen konnte. Oft wurde da ein Stück völlig auseinander genommen und neu zusammengenäht. Und das hat sich genauso gelohnt wie das Reparieren der Bett- und Tischwäsche.

Wie Spätzle qualitätsbewusst machen

Florida, Sanibel Island. Draußen hat es angenehme 28 Grad. Alle liegen irgendwo am Meer, in diesem seidigen Sand, und genießen den Winter. Fast alle. Eine ist im Ferienhaus geblieben. Sie steht hinter herabgelassenen Jalousien und wischt sich ab und zu über die Stirn. Aber dann macht sie weiter. Ihr Mann weiß, was sie da treibt, aber hindern kann er sie nicht dran. Niemand kann sie daran hindern. Sie will es, auch wenn andere es für absolut unmöglich halten, dass eine Frau wie sie so etwas tut.

»Mir macht es hier eben sonst keiner recht«, hat sie erklärt. Als die anderen zurückkommen, hat sie die gesamte Leinenbettwäsche gebügelt. So, wie es diese Wäsche verdient.

Es gibt nur zwei Kategorien von Gegenständen auf der Welt: solche mit und solche ohne Qualität. Die mit erkennt man daran, dass sie gut altern und dass es sich lohnt, sie zu reparieren, zu pflegen, zu erhalten.

Mit Menschen ist es vermutlich ähnlich.

Bei uns hatte alles Qualität. Die handgestrickten Mützen und die hölzernen Fußböden, die emaillierten Kochtöpfe mit blauer Innenseite und die hausgemachten Maultaschen, die Kopfkissen aus echtem Leinen und die Stoffe, aus denen unsere Kleider waren. Das habe ich natürlich erst im Nachhinein umrissen, nicht als Kind. Damals war ich nur verdrossen, dass ich mich Lisa anpassen musste, dass ich etwas Getragenes noch mal tragen sollte. Sicher mit ein Grund dafür, dass ich später um Second-Hand-Läden immer einen weiten Bogen gemacht habe. Trotzdem hat sich dieses Erlebnis in meinem Unbewussten festgesetzt wie die Kletten an meinen Strümpfen, wenn ich auf dem Weg zur Kirche über die Wiese ging: Diese Näherinnen konnten aus einer alten Sache eine neue machen – ein magischer Vorgang. Und seine Grundvoraussetzung war, dass die alten Sachen gut waren.

Nein, vermögend waren wir nie, und Luxus gab es in keiner Hinsicht. Aber viele fanden, und das habe ich schon damals gespürt, dass bei uns gut gelebt wurde. Weil meine beiden Eltern eben das besaßen, was sich

Qualitätsbewusstsein nennt. Das Wort klingt unscharf, aber eigentlich ist es sehr genau. Es geht dabei zuerst einmal um die Beschaffenheit, um die Ehrlichkeit der Dinge, nicht um ihre Wirkung, nicht um den Effekt. Heute hat ja jeder, der irgendetwas verkaufen will, seine Philosophie. Bei uns hieß das nie so, aber es war das Gemeinsame von allem, was meine Mutter oder mein Vater machten – Tilsiter oder Apfelkuchen, Edamer oder handgestrickte Pullover –, dass sie besonderen Wert legten auf die Materialien, auf das Ausgangsprodukt, und nicht der Ansicht waren, man könne durch Tricks und Kniffe nachher darüber hinwegtäuschen, dass am Anfang gespart wurde, weniger an Geld als an Zeit. Die Küche war, obwohl ich wie gesagt, dort nur zu Handlangerdiensten zugelassen war, für mich der Ort der möglichen Wunder – und der möglichen Leiden. Das, was sich heute Convenience-Produkte nennt, gab es zur Zeit meiner wirtschaftswunderbaren Kindheit noch nicht, dafür aber Instantbrühen und Konserven, fertige Dressings und Mayonnaisen aus der Tube. Wer die Wonnen des Ketchup und der Dosenravioli liebte, wäre bei uns verhungert. Jede Konfitüre, jede Bratensauce, jeder Nudelteig für Maultaschen, jedes Spätzle, jeder Krapfen oder Strudel, sogar die Suppennudeln wurden von Grund auf selbst gemacht. Und wer uns etwas lieferte, hatte die strengen Anforderungen meiner Mutter zu erfüllen. Wenn es zu meinem Leidwesen ein-, zweimal im Jahr Kutteln süßsauer mit Rosinen gab – für die gesamte Verwandtschaft erstaunlicherweise ein Grund, von weither anzureisen –, war der Metzger am Ort unter Stress, denn meine Mutter hat ihn sich gezogen und duldete nur blütenweiße Kutteln. Manches, was sie gekocht hat, war für mich widerwärtig, gebannt hat es mich aber trotzdem, wenn sie so einen ganzen Kalbskopf liegen hatte, der zerlegt, akribisch geputzt und in eine Reine gepresst wurde und die Erwachsenen bei Tisch nachher vor Begeisterung die Augen verdreht haben. Den Entstehungsprozess zu beobachten, das besaß für mich überall etwas Geheimnisvolles. Auch in der Molkerei meines Vaters. Wenn morgens um vier unten, in den Wirtschaftsräumen, die Zentrifuge zu brummen anfing, dann waren die Gedanken im Halbschlaf dabei, und morgens, wenn es die frische Butter mit ihrem zarten Mandelaroma auf den Hefezopf meiner Mutter gab und dazu Honig vom Imker ein Dorf weiter, dann war das ein Erlebnis, das kein Kind kennt, wenn es mit Fertigprodukten groß wird. Natürlich sind wir wie alle Kinder fremdgegangen. Natürlich wollten wir das, was es bei uns nicht gab, trotzdem haben. Die billigsten weißen Semmeln vom Bäcker gegenüber, zum Beispiel, die meiner Mutter nicht ins Haus kamen, sie hat nur dunkles Brot dort gekauft. Und ich habe mir bei diesem Bäcker zum Entsetzen meines Vaters auch noch Schmelzkäseecken gekauft, weil der Geschmack des Verbotenen oder zumindest Verpönten jeden anderen übertönt hat. Lisa hat bei der Heißmangel, die unsere großen Wäscheteile bügelte, geholfen, weil sie dort ein Brot mit irgendeinem billigen Senf beschmiert bekam. Ohne uns das einzugestehen haben wir aber gemerkt, dass es mehr der Trotz war, der diese Ausflüge ins Reich der untersagten Dinge verklärt hat. Denn wir, unsere Nase, unser Gaumen, unsere Zunge, wussten, was wirklich gut war, und dieses Wissen sitzt drin und ist nicht mehr wegzukriegen. Erziehung zur Qualität – das klingt zugegebenermaßen trocken und stur, aber ich denke, es ist kein Zufall, dass wir davon reden, auf den Geschmack von etwas zu kommen. Und ich finde es sehr bezeichnend, dass im Deutschen wie im Italienischen, Englischen, Französischen und wahrscheinlich noch in vielen anderen Sprachen das Wort für den Geschmack im Sinn des Schmeckens dasselbe ist wie das für ästhetisches Gespür. Der gute Geschmack ist nichts, was im Schnellverfahren hergestellt werden kann – gute Küche, gute Weine kosten Zeit. Und guter Geschmack kann ebenso wenig im Crashkurs gelernt werden – es kostet Zeit, ihn zu entwickeln, auszubilden, zu verfeinern. Und die Basis heißt in beiden Fällen: über die Zusammensetzung Bescheid wissen.

Ich vermute, dass sich bei mir eines festgesetzt hat – dieses Dabeisein, wenn etwas wurde und sich verwandelte. Wenn ich diesen alchimistischen Prozess miterlebte, aus gängigen oder oft gar nicht genießbaren Substanzen köstliche, kostbare zu bereiten. Klingt banal, aber seit ich gelesen habe, dass der Ernährungswissenschaftler Professor Dr. Volker Pudel festgestellt hat, dass heute nur noch fünf Prozent der Deutschen Schokoladenpudding ohne Puddingpulver kochen können und dass 2030 in deutschen Küchen keine Rindsroulade mehr zubereitet werden wird, weil es keiner mehr kann, hat das für mich jede Banalität verloren. Etymologen lachen mich wahrscheinlich aus, aber ich höre mittlerweile das Wort ›Kostbarkeit‹ mit anderen Ohren: kosten nicht im Sinn der Unkosten, sondern im Sinn von bewusst schmecken, konzentriert wahrnehmen steckt für mich da drin. Auch wenn oder vielleicht sogar gerade *weil* ich nur zusah, wenn meine Mutter Stunden zubrachte, um einen Hefezopf zu backen oder Dampfnudeln, die sie beim Bäcker gegenüber hätte kaufen können, wurde mir klar, dass Dinge, die kostbar sein sollen, eines verlangen: dass wir sie uns Zeit kosten lassen. Ich hatte auch die Chance dazu, das zu üben, weil ich ein Mängelexemplar war mit besonderer Begabung zu mehr oder weniger selbst verschuldeter Dauerlädiertheit. Dauernd war irgendetwas mit mir los und ich glaube, dass ich kaum einen Tag in meiner Kindheit ohne Verletzungen oder Infektionen, ohne Schrammen, Beulen, Husten, Halsweh, Fieber oder zumindest Kratzer, Stiche und Schwürwunden vergehen ließ. Langweilig wurde es meinen Eltern jedenfalls bestimmt nicht mit mir. Und sie brachten mir ohne große Worte Geduld bei, Geduld mit mir, dem Gesundwerden, dem Geschickterwerden.

Was Hutgummi-Annähen für die Entwicklung bringt

Party in München. Die Hausherrin ist elegant, aber unpraktisch gekleidet: Sie trägt ein rückenfreies schwarzes Kleid – schön kühl beim Kochen im Hochsommer – und bodenlang, worauf sie in ihren energischen Bewegungen wenig Rücksicht nimmt. Sie steht am Herd, ihr Mann lässt die Gäste herein, begrüßt sie und sagt: »Bitte nicht in die Küche.« Eine kann er nicht daran hindern, in das Reservat einzubrechen. Sie stürmt rein, wirft einen Blick auf die kochende Gastgeberin und sagt: »Der Saum ist ja runtergetreten. War der schlampig genäht?« Dann greift sie in ihre Handtasche, holt Nadel und Faden aus einem Hotelbriefchen, setzt sich auf die Fliesen und näht. »Und das bei einem Kleid von mir«, murmelt sie.

Weihnachten war früher für liebevolle Mütter eine pädagogische Katastrophe. Denn sie mussten ihre Kinder irgendwie dazu bringen, Geschenke für liebe Verwandte zu basteln. Für meine Mutter waren solche Zeiten die einzigen, in der sie es mit mir einfach hatte. Denn ich habe nichts lieber gemacht, als still vor mich hinzupusseln. Diese wenig geniale Gabe wurde immerhin früh entdeckt. Zur spürbaren Entlastung meiner Eltern. Zu der Entdeckung kam es, weil ich, das ewig kranke Sorgenkind, in Erholung geschickt werden sollte. Nur kosten durfte das natürlich nichts. Ob ich mal wieder wegen meines unvermeidlichen Gerstenkorns mit einer schwarzen Augenklappe rumlief, ob ich Halsentzündung hatte, nicht richtig aß oder mit der Blase was nicht stimmte: Luftveränderung hielten meine Eltern für eine hilfreiche Idee, und die nächstliegende Möglichkeit, andere Luft zu atmen, lag in Lindenberg im Allgäu, also siebzig Kilometer von uns entfernt. Dort lebte meine Tante, Vaters Schwester, und machte, was dort fast alle machten: Hüte. Für den Sommer Strohhüte, Florentiner oder Panama-Flechtung, für Herbst und Winter Filzhüte, Trachtenhüte, Jägerhüte. Teils hat die Tante in der Fabrik Hüte her- oder fertiggestellt, teils in Heimarbeit. Und wenn's im so genannten Heim, einer winzigen Zweizimmerwohnung, weiterging, war ich dabei. Schon mit fünf habe ich geholfen, Hutbänder einzunähen, Hutgummis zu befestigen, auch mal eine Pappmachékirsche oder eine Blume anzuheften. Und weil das Ganze ja als Erholung galt, fand ich diese Arbeit immer erholsam. Wahrscheinlich auch deswegen, weil es keinerlei Druck gab, nur Bienenstich zur Belohnung. Da lief kein Radio, da redete niemand, wir haben nur ganz still vor uns hin genäht und gehört, wie der andere atmet. Eigentlich war die Arbeit ziemlich ungeeignet für ein Kind: Pusselkram, der keine große Wirkung hatte – jede Burg im Sandkasten macht mehr her. Mir hat es gefallen, weil ich genau sein musste und etwas zustande brachte, das nachher professionell aussah. Was bis ins Detail stimmte. Wenn ich das rückblickend betrachte, stand das eigentlich im Widerspruch zu meiner Kindlichkeit und Verspieltheit. Vielleicht war es die einzige Dimension, in der ich erwachsen sein wollte und konnte.

In der Schule war da wenig zu wollen. Meine älteren Geschwister gingen erst auf gute Internate, dann, als die zu teuer wurden und sogar schick, weil irgendwelche Promikinder dort landeten, auf das Gymnasium in Memmingen. Aber ich war zu kränklich, zu ängstlich, zu anfällig, zu anstrengend – untragbar für jedes Internat. Also ging Gabriele, das Verreckerl, weiterhin im Dorf Hawangen auf das, was damals noch Volksschule hieß. Mit vierzehn, fünfzehn noch immer klein, dünn, blass und schüchtern, tauchte ich nicht auf aus der Aura des Vertrauten und Gewohnten. Selbst wenn die Schule mich mit der Wirklichkeit konfrontierte, selbst wenn es zuhause lebhaft und sparsam zuging, lebte ich letztlich unter einer Glasglocke. Einer Käseglocke, wäre im Fall einer Butter- und Käsemacher-Tochter wohl der bessere

Ausdruck. Während die anderen in der Klasse mit dem ersten Freund schmusten, habe ich noch immer mit Puppen gespielt. Doch es gab dramatische Fortschritte: Ich nähte die Puppenkleider mittlerweile selber. Und ich fuhr ab und zu abends mit dem Fahrrad durchs Dorf, um anderer Leute Babys zu sitten. Puppen für Ältere, mit denen ich genauso achtsam umging wie mit meinen aus Zelluloid oder Plastik. Ob aus mir jemals etwas würde, ein eigenständiges und selbständiges Lebewesen, schien noch ziemlich fraglich zu sein, klar war nur: wenn ich irgendetwas lernen konnte und wollte, dann hatte es mit Schneidern zu tun. Die berechtigte Frage hieß allerdings: Was brachte dieses mickrige Geschöpf mit Hauptschulabschluss mit an Qualifikationen für eine Schneiderlehre?

Wie ein Leben (fast) ohne Urlaub Spaß macht

Er hat Geburtstag. Einen runden. Und sie würde ihn seinetwegen gerne richtig feiern, denn er liebt es zu feiern. Das Fest wird groß geplant. Großzügig. Einen besonderen Saal könnte man mieten, vielleicht in einem modernen Museum. Oder ein ganzes Lokal, damit man unter sich ist. Und vielleicht sollte man einen Flügel hinbringen lassen, weil er doch die Klaviermusik so gern mag. Man sollte, müsste, könnte. Aber nur, wenn man nicht von morgens 6 Uhr bis abends 23 Uhr in der Firma hängt. Mit jeder Woche wird das Fest etwas kleiner. Zum Schluss sitzen um den Esstisch in Nördlingen seine beiden Kinder aus erster Ehe, die gemeinsame Tochter Clara, ihre Schwester, seine

Schwester und sechs enge Freunde. Sie steht auf für die Festrede. »Ihr wisst ja, dass unsere Eltern in einem Punkt rücksichtslos waren«, sagt sie. »Sie haben uns zum unmöglichsten Zeitpunkt geboren. Wir haben beide genau dann Geburtstag, wenn der Stress im Mode-Business am schlimmsten ist. Aber ich finde es schön, dass jetzt nur ihr da seid. Da haben wir dann wenigstens von jedem was.« Ende der Festrede.

Zwei Erlebnisse hatte ich erst als Erwachsene: wie Champagner schmeckt und wie Urlaub geht. In meiner Kindheit gab es beides nicht, und ich konnte mir auch beides gar nicht vorstellen. Denn als ich meine Lehre anfing, gab es dort wieder keins von beidem.

Der Betrieb lag mitten in Memmingen. Einem tschechischen Ehepaar gehörte er, sie hat vorne die Damenschneiderei geschmissen, er hat sich hinten um die Verschönerung der Herren gekümmert. Sie hat Kleider für Memmingens bessere Gesellschaft angefertigt, gerne Hochzeitskleider mit handbestickten Oberteilen, und hat geschuftet wie ein Tier, er hatte weniger zu tun, dafür zahlreiche Verhältnisse.

Und ich musste alles tun, auftrennen, bügeln, putzen, räumen. Und was meine Lehrmeisterin wahrscheinlich am meisten an mir zu schätzen wusste, war, dass ich auch alles klaglos und bereitwillig tat. Nicht aus Ängstlichkeit – die tschechische Chefin war eine hagere, energische, hartgesichtige, aber warme und gutartige Person –, nein: weil ich von zu Hause nichts anderes kannte, als dass ein Mensch, der arbeitet, überall hinlangt und immer. Bei uns wurde geschafft von Sonntag bis Sonntag. Meine

Mutter hat den ganzen Haushalt und das Sozialministerium geschmissen, mein Vater das Wirtschaftsministerium: Jeden morgen um vier ging er runter in die Molkerei. Am Sonntag wurden wir um elf ins Auto gepackt, der Kofferraum wurde voll geladen mit Butter und Käse, und dann fuhren wir zu Vaters Familie nach Lindenberg. Um fünf Uhr spätestens mussten wir zurück sein, denn da ging in der Molkerei die Milchabnahme los. »Den Kühen«, hat mein Vater gesagt, »kannst du nicht das Euter abdrehen.« Und wenn ein Wetterumbruch über unsere Gegend kam, dann musste er seinen Tagesplan dem Wetter anpassen. »Die Natur hat immer das letzte Wort«, hieß das dann bei ihm. Wir haben als Kinder nie erlebt, dass es feste Ferientage und Feiertage gab, dass also Nichtstun geplant worden wäre. Genauso wenig haben wir es erlebt, dass einer meiner Eltern gestöhnt oder geseufzt hätte. Der volle Einsatz rund um die Uhr, rund um die Woche, rund ums Jahr war für sie selbstverständlich – und so gesehen hatte ich die idealen Vorbilder für meinen späteren Beruf. Dieser verbriefte Anspruch auf wochenlangen Urlaub jedes Jahr erscheint mir vermessen, sogar absurd. Sicher ist er lebens-, überlebensnotwendig für jeden Menschen, der eine Arbeit tut, die ihn entkräftet, ihm keine Freude schenkt und keine Bestätigung oder die einfach zu sehr zehrt. Aber ein Beruf, der im weitesten Sinn selbständig und kreativ ist – auch ein Molkereifachmann wie mein Vater war selbständig und kreativ –, bietet, wenn er schlau betrieben wird, genügend Naherholung. Und ich habe unbewusst gelernt, dass es mehr bringt, jeden Tag auszukosten, was sich an Genüssen bot, anstatt das Genießen aufs Wochenende, auf den Urlaub, auf den Lebensabend aufzuschieben. Der Duft von frisch geschnittenen Wiesen im Sommer war das Parfum zu meiner Schulferienarbeit: Käse wenden und mit Salzlake einreiben. Der Lohn für das mühsame Himbeerensammeln mit dem am Gürtel umgeschnallten Eimer, der Trost für die zerkratzten Beine und Mutters strenge Kontrolle – sie legte immer ein feuchtes Tuch über die Schüsseln, dann kamen die Maden rausgekrochen, und es flog auf, wer zu viel wurmige dabei hatte – war der betörende Geruch der Marmeladen, die sie einkochte. Und diese schaumige rote Köstlichkeit morgens auf dem Hefezopf. Jeder Tag bestand für uns so gesehen aus Arbeit und Urlaub, aus dem Normalen und dem Besonderen, aus dem Anstrengenden und dem Angenehmen. Und mit dieser Einstellung war ich relativ gut gewappnet für das, was ich heute mache, denn eine Frau, die mit einem 40-Stunden-Plan im Kopf ins Modegeschäft einsteigt, kann dort nicht einmal Sekretärin oder Buchhalterin werden. Kinder kennen keine Uhr, keine Zeit. Und nachdem jeder künstlerische Mensch sich die Kindlichkeit erhalten hat – sonst wäre er etwas Vernünftiges geworden –, kennt dort auch keiner Tarife, zeitliche Limits und Stechuhren. Und so sehr es den ganzen Körper strapaziert, vor Kollektionsübergaben oder Schauen Nächte durchzuschuften, so sehr erregt es auch, sich verlieren zu können in dem, was zu tun ist. Alles um sich her zu vergessen. Es ist eine Droge, die derart viel Einsatz kostet, dass sie niemals zur Massendroge werden wird.

Für mich jedenfalls war von Kind auf das, was in meiner Heimat ›hinlangen‹ heißt, anders gesagt: das tun, was anfällt und drängt – selbstverständlich. Und vermutlich ist es kein Zufall, dass ich mit Dialektsprache groß wurde, in der »schaffen« nicht «Unsterbliches schaffen» heißt, sondern schlicht schuften.

Die tschechische Lehrmeisterin wusste wahrscheinlich nicht einmal, dass der Tag bei ihr für mich die Erholung vom Programm des Abends vorher war, denn nach Trennen, Säumen, Putzen und Räumen ging ich in die Memminger Abendschule, um meine Mittlere Reife nachzuholen. Es gibt keine bessere Methode, eine anstrengende Arbeit als angenehm zu empfinden als die: einfach eine noch weniger gemochte nebenher laufen zu lassen. Und schon freut man sich auf die andere. Allein das zu lernen, bedeutete für mich das Ende der Kindheit. Das Ende jener Zeit, in der ich einfach meinetwegen geliebt wurde. Und in der das Wort Selbstüberwindung nicht vorkam.

DAS KREATIVE ZWEIFELN

Es ist wieder so weit: Die Schau in Mailand muss vorbereitet werden. Welche Stylistin? Welcher Ort? Welche Musik? Welche Models? Wer soll das Licht machen, wer die Inszenierung und wer das Make-up? Rechner, Telefone, Computer, Köpfe laufen heiß. Da kommt sie in sein Büro. »Ich mach diesmal keine Schau.«. erklärt sie. Er schluckt. »Was? Keine Schau? Bist du verrückt?«
«Nein, ich brauch' eine Pause.«
»Und was sagen die in Mailand?«
»Das ist mir egal.«
»Aber was soll das bringen – eine Saison kommentarlos auszusetzen?«
»Abstand, damit man das eigene Zeug wieder besser sieht. Ich bezweifle, dass man gut bleibt, wenn man jedes Jahr das Gleiche macht.«
»Und was machen wir stattdessen?«
«Irgendwas, wo man endlich mal keine Mode sieht.«
Die Schauen starten. Ohne Strenesse. In einer U-Bahnhof-Baustelle mitten in Mailand gibt es Kunst zu sehen – Thema: die fünf Sinne. Und ein paar Haikus, kurze poetische Texte. Die Modejournalisten atmen auf. In der ganzen Hetze von Laufsteg zu Laufsteg eine Oase. Wie erholsam. Wer war da so freundlich?

Es gibt Leute, die nie an sich zweifeln. Die sind bemitleidenswert. Aber es gibt Leute, bei denen hören die

Selbstzweifel schlagartig auf, wenn sie bestätigt werden. Die sind beneidenswert. Ich gehöre jedoch nicht dazu. Werde ich in einer Sache bestätigt, fange ich einfach an der nächsten zu zweifeln an. Deswegen wird dieses Buch wahrscheinlich nicht nur ein Ermunterungsbuch für Dünnhäutige, Überempfindliche und Spätzünder, sondern auch für Zweifler.

Das Einzige, woran ich nie gezweifelt habe, war mein Gespür. Anders gesagt: das, was Frauen Instinkt nennen und sehr viele Männer für eine Ausrede dafür halten, dass man seine Vorstellungen nicht klar formulieren kann. Für mich ist Instinkt die Intelligenz im Bauch. Ich könnte auch sagen: Diese gern zitierte innere Stimme, die oft so tief drin sitzt, dass keiner auf sie hört.

Als meine Schwester ein Kleid für die Abiturfeier brauchte, war ein Stil Mode, in dem selbst Gerippe noch barock wirkten. Außerdem waren, speziell in der Provinz, eine Art Muster und Pastelltöne beliebt, die jede Frau mühelos um zwanzig Jahre altern ließen. Lisa war nicht groß und ziemlich kräftig und hatte damals schon ein markantes Gesicht. Ich wusste, dass ihr Kleid schwarz und ganz einfach sein musste, wenn sie gut drin aussehen sollte. Das war Ende der 60er Jahre für eine Sechzehnjährige im tiefsten Allgäu eine nahezu avantgardistische Einstellung. Ich habe allerdings damals auch schon gelernt, dass es ziemlich nervenaufreibend ist, dieses Gespür für Stil, diesen Instinkt für das Passende zu haben, wenn andere es ignorieren. Für meine Mutter habe ich mit nicht gerade entspanntem Gesichtsausdruck die Sorte Kleider geschneidert, die sie kleidsam fand – grade, brav und vorne ein Schlitz. Die zu nähen war für mich, wie wenn ein Jazztrompeter Melodika spielen muss. Verschärfend kam hinzu, dass sie das Ganze dann mit einer weißen Garnitur aufgeputzt hat. »Das macht frisch«, sagte sie. »Das macht alt und spießig«, sagte ich, natürlich nur stumm, denn ich war ein mühsames Kind und wollte nicht auch noch ein aufsässiges sein.

Gut, Mütter lassen sich von Töchtern selten beeinflussen in Fragen des Geschmacks. Aber Lisa, meine bewunderte große Schwester, hat ohne Worte signalisiert, dass sie sich in geschmacklichen Dingen meinem Urteil beugt. Das hat mich beglückt, meine Zweifel jedoch nicht beseitigt oder auch nur besänftigt. Die Zweifel an meiner Intelligenz, an meiner Lebenstüchtigkeit, an meiner Leistungskraft ebenso wenig wie die an meiner Zukunft. Erst recht nicht die an mir als weiblichem Wesen. Schon weil von der Weiblichkeit so gut wie nichts zu sehen war. Ich hatte das Gefühl, bei diesem Geschlechterspiel noch nicht mitspielen zu können, weil mir die Karten dazu fehlten. Mein älterer Bruder, Martin, war bei der Bundeswehr und brachte Leben und scharenweise Freunde in unser Haus, was meinem Vater, der ein mediterraner, sinnlicher Typ war, sehr gut gefiel. Schließlich ist auch er immer mit meiner Schwester und mir auf die großen Faschingsbälle auf dem Land gegangen und hat dann geduldig gewartet, bis wir uns müde getanzt hatten. Während die Mutter daheim endlich mal in Ruhe ihre Klassiksendungen im Radio hören konnte – die einzige Art Kultur, die sie sich gönnte, gönnen konnte. Mir hat sich das damals eingeprägt: dieses Ungleichgewicht in der Interessenlage meiner Eltern. Zugegeben, ich war ein Papakind, schmuste auf dem Sofa in der Küche mit ihm, wenn er seinen Mittagsschlaf machte, war stolz, als hätte ich eine Leistung vollbracht, wenn er mich ›Schwanningermaus‹ nannte, und fand ihn göttlich schön mit seinen dunklen Augen, seinem tiefschwarzen Haar und seiner meistens gebräunten Haut.

Aber wenn dann die Mama vor ihrem Radioapparat saß und am liebsten hineingekrochen wäre, vor allem wenn Marcel Prawy die neuen Gesangstars vorstellte – zum Beispiel einen gewissen unbekannten blutjungen Tenor aus Modena namens Pavarotti – , dann wurde mir bewusst, auf wie viel sie verzichtet hat. Offenbar, dachte ich mir, gehört das zu einer guten Ehe dazu. Und das hat mir nicht eben Lust auf die Ehe gemacht. Zweifel also sogar da, wo die Welt eigentlich zweifellos in Ordnung war.

Vermutlich ist alles das ganz typisch für einen Menschen wie mich. Für diesen Typ des Spätentwicklers. Mittlerweile erkenne ich meine eigene Spezies sehr schnell. Auch daran, wo sie sich aufhält: meistens am Rande des Geschehens. Ich selbst habe mich, von den gemeinsamen Mahlzeiten abgesehen, meistens irgendwo am Rand aufgehalten. Sogar meine Nähmaschine stand auf dem Flur.

Und dann, als ich fünfzehn, sechzehn war, brach eben Martins Gesellschaft an den Wochenenden bei uns ein. Platz war mehr als genug vorhanden, denn früher hatte es in unserer Wohnung über der Molkerei noch Zimmer für die Lehrlinge und Gesellen gegeben, sogar ein eigenes Esszimmer, aber seit die aushäusig wohnten, standen da ganze Fluchten leer. Und wenn in unserem endlos langen breiten Flur Rock 'n' Roll getanzt wurde, dann habe ich am Rand, in der offenen Küchentür, gesessen und zugeschaut. Mit siebzehn durfte ich endlich mit tanzen. In meiner dünnen Haut habe ich mich durchaus wohl gefühlt, auch in meinem dünnen Körper. Doch unter den anderen erschien er mir wie ein Fremdkörper. Es hat mich erstaunt, dass es männliche Interessenten für mich gab. Und ziemlich verdutzt habe ich mich dann verliebt in einen engen Freund von Martin, weil er so schräg war. Schräg hieß für mich: ganz anders strukturiert als alle bei uns; extrem belesen, redegewandt, alternativ, philosophisch – ein ehemaliger Waldorfschüler. Und was uns verbunden hat, waren nicht unsere Überzeugungen, es waren unsere Zweifel, so unterschiedlich sie auch waren. Vielleicht sind Zweifel nur eine Art erhöhter Wachsamkeit. Meine richtete sich weniger aufs Weltanschauliche wie bei meinem ersten Geliebten, sondern auf Nähte, Schnitte und Schulterpartien. In meiner Lehre in Memmingen habe ich dann mit jenem Sport begonnen, der bis heute mein Leben antreibt und umtreibt: die Latte höher legen. »Ob ich das schaffe«, habe ich still in mich hineingeseufzt, wenn etwas Neues anstand. Und wenn es geschafft war, habe ich die Latte höher gelegt, und der nächste Seufzer war fällig. Daran hat sich bis heute nichts geändert. Manche halten das für selbstquälerisch, ich selber empfinde es nicht so – verzweifelt bin ich ja bis jetzt noch nie. Und ich lege die Latte ja nicht höher, um zu scheitern, sondern weil ich weiß, wo ich hinwill. Und der Weg führt nun mal obendrüber, nicht unten durch. Aufhalten lassen habe ich mich dabei trotz aller Schüchternheit nie. Nicht von wohlgemeinten Warnungen und schon gar nicht von irgendwelchen kleineren bis mittleren Krankheiten, denn an die hatte ich mich ja früh gewöhnt.

»Kommt vom Küssen«, hieß es natürlich prompt, als mich als frisch Verliebte das Pfeiffersche Drüsenfieber erwischt hat. Trotzdem habe ich Lisa das Kleid für ein Rendezvous in München genäht. Und allen Einwänden zum Trotz habe ich ihr ein tiefrotes Kleid gemacht. Weil ich gespürt habe, dass ihr das Rot gut tun würde. Dass es sie herausfordern würde, mutig zu sein. Und ich habe auch gespürt, dass dieses Rot Reiz genug war und der Rest ganz reduziert sein musste. Nein, formulieren hätte ich das nie können – aber nähen.

Was es bringt, nicht wortgewandt zu sein

Alle sind nervös. Aber sie ist am nervösesten. Die Kollektionsübergabe steht bevor, und die Kollektion müsste längst fertig sein. Aber sie hält sich auf an einem Kleid. An diesem Kleid stimmt was nicht. Was denn nicht stimme, will das Team wissen. »Irgendwas. Ich spür's, aber ich kann's nicht sagen.« Sie fummelt herum, befingert das Material und bringt schließlich über die Lippen. »Das ist einfach nicht hautig.«
Stille.
»Das Wort kenn ich nicht«, sagt einer.
«Und, aber du verstehst es ‚oder?«
«Ja, schon«.
»Na also.«

»Koin Firlefanz, des bin i net«, steht da in einer prominenten deutschen Tageszeitung als dicke Titelzeile. Angeblich stammte der Satz von mir. Ich habe getobt. Eine Freundin hat mir dann verraten, dass nur Journalisten dritter Wahl über Namen witzeln und Zitate im Dialekt wiedergeben. Das hat mich getröstet, denn ich reagiere auf eins so souverän wie Literaten auf einen Verriss von Reich-Ranicki: Wenn in einem Zeitungs- oder Zeitschriftenartikel Sätze wiedergegeben werden, die ich angeblich in breitem Schwäbisch abgesondert habe. Dabei bin ich Bayerin – Memmingen liegt im bayerischen Allgäu. Aber ich gebe ja zu: Was ich unbeobachtet rede, nennen andere Leute Schwäbisch, und die meisten Menschen, die das reden, was sich Schwäbisch nennt, haben einen Minderwertigkeitskomplex. Zumindest, wenn sie unter Nicht-Schwaben sind. Denn wir genieren uns, elegant zu sprechen. Mir kommt es gestelzt vor, zu sagen: »ich dächte« oder »ich verstünde«. Am schwersten fällt es mir, mich gediegen auszudrücken, wenn ich innerlich brenne vor Neugier oder Eifer oder Begeisterung. Dann purzeln mir die Sätze halbfertig heraus, und das macht natürlich einen ungemein intelligenten Eindruck. Das Gute daran, rhetorisch derart unbegabt zu sein: Es hindert einen dran, fruchtlose Diskussionen zu führen und Grundsatzreden zu schwingen. Ich habe immer lieber gemacht als behauptet, lieber gezeigt, dass etwas geht, als mein Vorhaben wortreich verteidigt. In der Lehre kam das gut an, weil meine tschechische Meisterin auch besser im Machen als im Reden war. Aber dann geschah das Unerwartete. Ich wurde etwas Besonderes. Natürlich nur regional, also eine Provinz-Besonderheit. Ich legte die beste Gesellenprüfung in Bayern ab. Und auch wenn es kleinkariert klingt, das als erfolgreiche Designerin überhaupt zu erwähnen: für mich bedeutete das damals einen Durchbruch. Denn ich hatte damit ein Stipendium für die Meisterschule für Mode in München gewonnen. Das Hochgefühl darüber endete aber bereits am ersten Tag dort, denn die meisten in meiner Klasse waren Genies oder zumindest Stars. Weltgewandt, wortgewandt, selbstsicher und stilsicher. Sie wussten, was angesagt war, und wo es lang ging, sie wussten fast alles, und ich staunte, dass die überhaupt noch auf die Meisterschule gingen. Es gab nur eine kleine Gruppe von Außenseitern, in den Augen der Sieger wahrscheinlich eine Art Notorganisation der Zukurzgekommenen, zu der ich natürlich gehörte.

Weil mir klar war, dass ich niemals mitschwimmen würde im Teich der tollen Hechte, hatte ich allerdings auch keine Hemmungen, mich als kleiner Fisch zu erkennen zu geben, also Fragen zu stellen. Und zwar alle, die mir einfielen. »Wenn eine Frage echt ist, also nicht rhetorisch, dann kann sie nie dumm sein«, hatte meine Mutter uns eingeschärft. Und meine Fragen waren echt und kamen entweder aus Ahnungslosigkeit, dem Bedürfnis, es genauer zu wissen, oder der Angst, etwas falsch verstanden zu haben. »Du hast den Dozenten dort ein Loch in den Bauch gefragt«, hat mir später bei einem Klassentreffen mal eine ehemalige Mitschülerin verraten. Ich vermute, es waren so viele Löcher wie im Allgäuerkäse meines Vaters. Schlecht gefühlt habe ich mich dabei nicht, denn wenn man erst mal den Ruf hat, ein sprachlich untalentierter Langsamdenker zu sein, dann lebt es sich wunderbar ungeniert. Beeinträchtigt hat mich in dieser Phase ein Gefühl, das sich viele Menschen nicht zuzugeben trauen, weil sie meinen, das klinge nicht kosmopolitisch. Und das manche heute gar nicht mehr kennen: Heimweh.

Warum Heimweh ein gutes Gefühl ist

Die Journalisten des Lifestylemagazins sind vom Lifestyle der Designerin entzückt: strenge Linien, bestes Design, moderne Möbel in einem alten Fachwerkhaus auf alten Holzböden. Nur dieser Sessel und diese kleinen brav gerahmten Gemälde mit Dorfkirchen, Bauernhöfen, Hühnern und Gänsen – was sollen die denn hier? Das passe doch nicht, tuschelt der Lifestyle-Fotograf. »Das passt natürlich«, kommt es unüberhörbar von der Designerin. »Weil das von mir daheim ist. Und was zu mir gehört, gehört in mein Haus, oder?«

Mein Elternhaus war mehr als ein Haus, wo Eltern mit Kindern wohnten. Es war ein Gehäuse, in dem sich ein in sich geschlossenes Leben abspielte. Die Dinge hatten ihren Platz und dort blieben sie. Heute haben Leute in meinem Alter meistens schon die fünfte Polstergarnitur und zum dritten Mal die Küche umgebaut oder einen Einbauschrank im Schlafzimmer ausgetauscht. Bei uns zu Hause war das undenkbar. Meine Mutter hätte es schon deswegen als sinnlose Verschwendung begriffen, weil sie ja auf Qualität so großen Wert legte und mit den anderswo üblichen modischen Auffrischungen ihre Überzeugungen verraten hätte.

Gegessen wurde bei uns in der Küche, einem für übliche Verhältnisse riesenhaften Raum, in dem neben dem Elektroherd noch der alte Holzherd stand, und neben dem stand eine Truhe mit Holzscheiten Dann kam die Anrichte, ein mächtiges Möbel, dann das Fenster. Gegenüber machte sich ein großes Sofa breit, das Sofa, auf dem mein Vater seinen Mittagsschlaf gemacht hat und auch gestorben ist, danach ein Büffet, auf das wir immer raufgeklettert sind, um vorn dort aufs Sofa zu springen. Dabei ist einmal meine Stirn an der Tischkante gelandet – die Narbe ist immer noch zu sehen. Auf dem Sofa saß ich, einen Stapel Kissen unter dem Hintern, beim Mittagessen. Und das Sofa besitze ich noch immer.

Ikonen sind optische Eindrücke, die sich unauslöschlich einprägen. Gesichter, die man nie mehr vergisst. Auch unser Haus, vor allem die Küche, hatte so ein Gesicht. Und ich denke, dass manche Menschen einen Fehler machen, wenn sie in ihren Wohnungen dauernd alles ändern, denn sie nehmen sich selbst und ihren Kindern diese Heimat im Kopf, an die sie sich überall und immer erinnern können. Zumindest ein Stück, etwas, wie unser Sofa, sollte doch unverrückbar bleiben – und sei es nur eine Kindheit hindurch.

Mein Elternhaus hat sich aber nicht nur dem Sehsinn, es hat sich allen Sinnen eingeprägt. Akustisch, zum Beispiel. Bis heute habe ich im Ohr, wie es bei uns klang. Das brummende Geräusch, wenn sich die Butterzentrifuge drunten in der Molkerei zu drehen begann. Das Geklapper, wenn die Milchkannen von den Lastern abgeladen wurden. Die Geräusche aus der Küche, wo meine Mutter rührte und schepperte, die sich mit dem Sirren meiner Nähmaschine vermengten.

Ich habe dieses Heim auch in der Nase. Nein, Parfums sind es nicht; meine Mutter hatte nur ein Lavendelwasser, das sie sich ansprühte vor dem Ausgehen – sonst stand es auf ihrem Frisiertisch. Und mein Vater hat sich ebenfalls nur in solchen Ausnahmefällen ein ziemlich schauerliches Rasierwasser auf die Wangen geklatscht.

Bei uns gab es einen Hausgeruch nach Molkerei und Milch, nach diesem Salzgemisch, mit dem die Käse eingerieben werden. Und über den legte sich dann im Sommer der Duft der Wiesen rundum oder am Freitag der des frisch gebackenen Hefezopfs.

Auf der Zunge habe ich mein Heim, nach dem ich so lange Weh hatte, natürlich erst recht. Es war nicht nur das Mandelaroma von frischer Butter oder dieser köstliche, intensive Geschmack von wirklich frischer Sahne, den niemand kennt, der sie nur im Laden einkauft. Es war auch der von Röstzwiebeln und Bratkartoffeln, von Kässpätzle und Dampfnudeln, von Himbeermarmelade und Mutters berühmter Käsesahnetorte.

Nun war ich also Meisterschülerin in München, hatte erreicht, was ich wollte, und wollte nichts als nach Hause. Dem Vater hat meine Heulerei beim Aufbruch nach jedem Wochenende daheim das Herz aufgeweicht. »Dann soll sie halt dableiben«, hat er gesagt. Doch meine Mutter war – Gott sei Dank – eisern. »Sie hat das so wollen, jetzt soll sie's auch durchziehen.«

Ich hatte ein Zimmer in dem Mädchenwohnheim in der Herzogspitalstraße, nah bei der Meisterschule am Rossmarkt gelegen. Und war, wenn ich nicht durch den Unterricht abgelenkt war, in Gedanken dauernd daheim und den Tränen nah. Ich versuchte das Heimweh runterzuspülen mit dem heimatlichen Getränk, bin die Damenstiftstraße runtergelaufen in die Kreuzstraße, wo an der Ecke ein Krämerladen war, und habe literweise Milch gekauft. Zwei, drei Liter habe ich bestimmt jeden Tag getrunken.

Und das war eigentlich der Anfang von zwei Entdeckungen. Ich habe erstens entdeckt, dass Heimweh wie jede Sehnsucht nicht wirklich schwächt, sondern stärkt – es ist ja ein intensives Gefühl, etwas Fernes so nah zu empfinden, ob das die Sehnsucht nach dem fernen Geliebten ist, nach der Heimat oder gar, was mir bisher erspart blieb, nach der verlorenen Freiheit. Und es ist kein Zufall, dass Sehnsucht die schönsten Gedichte und Geschichten der Welt hervorgebracht hat.

Zweitens habe ich entdeckt, dass jeder Mensch sich Heimaten schaffen kann.

Wie man sich Heimaten baut

Sie hat Geburtstag und wie immer Anfang März überhaupt keine Zeit. Deswegen rechnet keiner mit einer Einladung. Doch überraschend startet sie einen Rundruf bei den engsten Freunden und der Familie. Samstag, 18 Uhr in Hawangen. ›D'Rescht‹ heiße das Lokal, ein gewisser Frank Oehler koche da. Sie versteht viel vom Essen, wird also schon etwas Vernünftiges sein. Aber wo bitte liegt Hawangen?, fragen die Freunde. »Ich lass Euch abholen«, sagt sie. Der Fahrer fährt von München Richtung Landsberg, dann Richtung Memmingen und dann durch immer kleiner werdende Dörfer. Schließlich biegt er in eine Landstraße ein, auf der sich nur zwei Fahrradfahrer überholen können, und zu guter Letzt fährt er ein in Hawangen. Doppelhäuser mit Glasbausteinen, zerstörte Dorfidylle wie üblich, statt dem Misthaufen neben dem Bauernhaus eine Satellitenschüssel obendrauf. Was sollen wir denn hier?, wundern sich die Gäste. Der Fahrer hält vor einem nackten Ziegelzweckbau direkt am Bahngleis. Die ehemalige Bahnhofsgaststätte, erfahren die Freunde. Innen drin nur nackte Holzdielen, weiß gedeckte Tische und ein gut aussehender Koch, das gegelte Haar zum Schwanz gebunden. Und dann beginnt Gabrieles Menü. Sterne-Niveau, zugegeben, einfach und überragend vom Thunfisch auf Topinamburpuree bis zum Tafelspitzstrudel. Nur: In München gäbe es doch auch ein paar gute Köche. »Schon«, strahlt Gabriele Strehle, geboren und aufgewachsen als Gabriele Hecke in Hawangen/Allgäu. »Aber nur von dem hier war ich Babysitter.«

Heimaten bauen geht ganz einfach. Jeder Mensch kann das und überall auf der Welt. Indem er die Erinnerungen gezielt wachruft, auf die Zunge, in die Nase oder die Ohren beschwört. Ich betreibe das bis heute. Wenn ich in München bin, gehe ich zum ›Châlet du Fromage‹ auf dem Elisabethmarkt zum Käsekaufen. Dort riecht es wie zu Hause im Allgäu, und die Besitzer lieben wie mein Vater jeden Käse einzeln. Wenn sie einen in die Hand nehmen, machen sie das so zärtlich wie er – wobei bei den mächtigen Edamer- oder Tilsiterlaiben die Zärtlichkeit natürlich etwas deftiger ausfiel. Und dort klingt es sogar nach Heimat: Die Leute kommen aus Dillingen – sie fahren jeden Tag in die Stadt rein – und reden wie ich. Man sagt Schwäbisch dazu.

Die Erinnerung an das Allgäu und die Liebe zu ihm ist bei mir dort gespeichert, wo kein Hacker sie löschen kann: im Unbewussten.

Einige Freunde haben sich gewundert, dass wir, die mit Repräsentation wenig im Sinn haben, ausgerechnet am mondänen Tegernsee ein Wochenendhaus gekauft haben. Es liegt für uns strategisch günstig und doch in einer Landschaft, die alles hat, was für mich heimatlich ist: Wiesen, Wasser und dahinter die Berge. Und in unserem Esszimmer, einer alten Bauernstube, riecht es nach Holz, wie damals, daheim. Und wenn ich dann in der Küche stehe und Maultaschen oder handgeschabte, also hauchfein geschnittene Kalbsleber mit Zwiebeln und Bratkartoffeln mache nach Mutters Rezept – sie hat für mich, die ich ja genäht statt gekocht habe, später alles aufgeschrieben –, dann umfängt mich dieses Heimatgefühl wohliger als mein bester Kaschmirpullover.

Schnitzel mit Kartoffelsalat, vollendet zubereitet: das ist ein Heimatgeschmack der schönsten Note. Das ist Samstagmittag in Hawangen. Heimkommen aus der Schule (der wirklich tragische Nachteil meiner Generation: wir hatten samstags noch nicht frei). Müde, hungrig aufs Wochenende, und dann dieser Duft. Manche Menschen wissen gar nicht, wie intensiv Gurken riechen, Gärtnergurken, wie sie in einen bayerischen Kartoffelsalat gehören. Das Geräusch des Fleischhammers, mit dem die Schnitzel geklopft wurden, der Anblick der frisch geriebenen Semmelbrösel – nur damit schmeckt ein Schnitzel wirklich gut – und des Tellers mit verkleppertem Ei. Ich hole mir dieses Stück Heimat in einer Stunde Fahrzeit vom Tegernsee aus: in Wiechs, beim

›Brunnerwirt‹, wo der großartige Koch diese Heimatschnitzel brät. Und da überhöre ich sogar Claras Gejammer, die es abwegig findet, für so etwas eine Stunde im Auto zu hocken. Sie wird es erst verstehen, wenn sie selbst einmal weg muss und es übt, Heimaten zu bauen. Das können auch akustische sein.

Zuhause im Allgäu hat jeden Tag irgendwer Klavier geübt. Perfekt war das bestimmt nicht, wahrscheinlich hat es nicht einmal schön geklungen, aber es ist eben für mich der Klang von Heimat. Mein Mann, der Pianist werden wollte, spielt gut. Aber von mir aus könnte er auch schlechter spielen, Hauptsache, er spielt. Und wenn er dann – etwas gequält, weil er das Stück albern findet – die ›Petersburger Schlittenfahrt‹ für mich klimpert, dann trete ich mit geschlossenen Augen eine Zeitreise an in die Kindheit. Sogar wenn Clara, meine Tochter, mäßig begeistert übt, dann höre ich meine Schwester, die sich mit denselben Etüden herumschlagen musste, und lächle. Heimat bauen heißt auch: die wichtigsten Dinge ungeniert aufzuheben, ob die jetzt dem Zeitgeschmack entsprechen oder nicht. Ich besitze noch alle Puppen von früher, und seit Clara nicht mehr an ihnen interessiert ist, habe ich ihnen Claras Kollektion ausgezogen und wieder die Sachen angezogen, die sie anhatten, als ich mit ihnen gespielt habe.

Nein, ich schäme mich nicht dafür, dass ich ebendas brauche. Nein, es ist nicht sentimental, es ist sehr vernünftig, sich solche Heimaten zu bauen, und ich kann es nur jedem empfehlen, der wie ich viel unterwegs ist. Auch einen Talisman zu besitzen und mit mir herumzuschleifen hat für mich nichts Abergläubisches. Das ist ebenfalls ein Stück Heimat. Das Taschentuch, zum Beispiel, das Clara für mich bestickt hat, und das schon die ganze Welt gesehen hat. Eine schlaue Freundin hat mich mal aufgeklärt, dass die eigentliche tiefe Wurzel des Wortes ›Talisman‹ das griechische Wort *telos* ist, was auf Deutsch Ende, Ziel, Zweck bedeutet. Könnte man es besser sagen, was der Talisman leistet?

Geschäftsreisen sind ja Reisen, bei denen man landet, aber nie wirklich ankommt. Sie haben nicht die Tiefe einer Reise, die einen erfüllt mit neuen Erfahrungen, sie sorgen nicht für Bereicherung, nur für innere Unrast. Und aus dem heraus schafft keiner etwas Gutes. Wenn ich aber weiß, wo mein inneres Ziel ist, wenn ich weiß, dass es da eine Atmosphäre gibt, die mich in den Arm nimmt, so selbstverständlich wie eine Mutter ihr Kind, dann macht mich das ruhig. So ruhig, dass ich den üblichen Stress ertrage und kräftig Unruhe in den ganzen Laden bringen kann mit Ideen, die unmöglich sind.

Warum es befreit, kein Vermögen zu haben

Spaziergang mit Freunden durch das verschneite Bad Wiessee. Drei Leute sind sorgsam angezogen, die vierte im Bunde weniger: graue Wollmütze, achtlos auf den Kopf gestülpt, ein nicht mehr jugendfrischer halblanger Mantel, drei Nummern zu groß, und Stiefel, die sehr bequem sein müssen. Sonst gäbe es keinen Grund, sie zu tragen.
Die beiden Frauen gehen voraus, sie diskutieren über Parfums. Was von den neueren etwas taugt, was schlecht riecht, was gut verpackt ist und was eigentlich einen

Parfumklassiker ausmache. Die eine Freundin kennt noch nicht den neuesten Duft von Vivienne Westwood, die andere nicht den von Helmut Lang. Sie gehen, den Männern ein Zeichen gebend, in die nächste Pafümerie. Der Frau mit Mütze wird ein neuer Duft, ein ziemlich schwülstiger, aufgesprüht. Sehr sparsam, denn sie sieht nicht so aus, als könnte sie sich's leisten. »Riecht wie ein Puff«, quietscht die Frau mit Mütze. Und schnuppert dann am Handgelenk der Freundin, die mit Helmut Lang bedacht wird. »Gut, was?« Sie stimmt zu. »Schenk' ich dir«, erklärt die Wollmütze. An der Kasse stellt sie fest, dass sie kein Portemonnaie dabei hat. Die Verkäuferinnen tauschen vielsagende Blicke. Die Mütze macht einen Schritt auf die Straße. »Vater«, ruft sie vernehmbar die Straße runter. »Komm mal, ich brauch' Geld.« Er kommt. »Hast du geschaut, wo unser Parfum steht?«, fragt er. »Da hinten«, sagt sie mit einer knappen Kopfbewegung. »Könnte besser stehen.«

Als die Kunden den Laden verlassen, tauschen die beiden Verkäuferinnen keine Blicke mehr.

Welcher der ›Meisterschüler für Mode‹ wohnt heute noch im Doppelzimmer? Wie viele von ihnen können noch Strümpfe stopfen? Und leben vor allem von Milch, Brot und Kartoffeln, aufgebessert durch Allgäuer Emmentaler?

Heute wäre es wahrscheinlich exotisch, wie ich damals gehaust habe, für mich war es normal. Denn auch wenn es uns zu Hause gut gegangen war, war uns immer bewusst: Wohlhabend zu sein ist keine Selbstverständlichkeit, und um so schön zu leben wie wir, brauchte es nicht allzu viel Geld. Die Molkerei in Hawangen gehörte uns ja nicht, die war genossenschaftlich, und mein Vater hat sie nur geleitet. Für ihn war das eine große Sache, ein Erfolg sogar. Denn er wusste, wie Armut schmeckt. Er hatte seinen Vater, der aus Lindenberg im Allgäu kam, ganz früh verloren, musste vom Gymnasium runter und Geld verdienen. Und hat dann in der Molkerei meines Großvaters mütterlicherseits gearbeitet, also bei seinem späteren Schwiegervater, dem dieser Betrieb gehörte. Auf Fotos aus seiner Kindheit war mein Vater klapperdürr und auch nach dem Krieg, obwohl er da schon jenen kleinen Bauch hatte, der später größer wurde. Was immer er aß, setzte sich dort an, und meine Mutter gackerte ganz aufgeregt, wenn er sich morgens die Butter, die frische, duftende, sahnige Butter, einen Zentimeter dick auf den Zopf oder das Brot schmierte. Vergessen hat er es nie, dass es bei ihm zu Hause nichts gegeben hatte. Aber gejammert hat er auch nie drüber. Das habe ihn, hat er gemeint, »in Schwung gebracht«.

Mit einem goldenen Löffel im Mund geboren werden, das hindert doch ganz anschaulich beim Kauen. So jemand hat es nicht leicht, sich an einer Sache festzubeißen. Mich jedenfalls haben weder goldene noch silberne Löffel behindert, und sie werden es auch niemals tun, hoffe ich. Als Studentin habe ich bei Kübler, damals der angesehensten Stoffhandlung in München, gejobbt. Dabei habe ich freudig festgestellt, dass ich gut bedienen konnte, weil ich da von etwas reden konnte, wovon ich etwas verstand. Bis heute bin ich ein miserabler Smalltalker, weil ich nur dann etwas loswerde, wenn ich mich auskenne und sonst lieber vor mich hin arbeite. Wo geredet wird, gibt es fast immer irgendwelche Gläser, die serviert, abserviert oder in die Spülmaschine geräumt werden müssen. Bei Kübler ging es um Bouclé und Moiré, um Chiffon und Voile, um Roh-, Wild- und Kunstseide, ums Abmessen und Ausmessen. Und während die Stoffe durch meine Hände gingen, hat meine Fantasie gearbeitet. Bei Leuten mit sehr viel Geld schläft die Fantasie nur noch. Falls jemand mich jetzt für eine Zynikerin halten sollte – die erfolgreiche Modemacherin kokettiert mit Bescheidenheit –, kann ich denjenigen beruhigen: Eine Zynikerin bin ich nicht. Ich habe zwar durchaus Geld, wie es einer Frau zusteht, die in der freien Wirtschaft eine verantwortliche Führungsposition und eine 60- bis 70-Stunden-Woche hat. Aber Vermögen habe ich keins. Unsere Firma gehört größtenteils meinem Mann, und das ist gut so. Ich will es nicht anders. Als er mir zum vierzigsten Geburtstag ein paar Firmenanteile geschenkt hat, war er ganz enttäuscht, dass mich das nicht gefreut hat, nur belastet. Nach wie vor bin ich eine Angestellte und eine Gehaltsempfängerin wie die übrigen im Haus, auch wenn mein Gehalt höher ist als das der meisten anderen. Ich laufe am Wochenende am Tegernsee meistens ohne einen Pfennig in der Tasche rum. Nicht viel Geld zu besitzen ist ein befreiendes Gefühl. Ich lasse mich mit Freuden beschenken und spüre es gern, wenn mich ein Geschenk für Freunde etwas kostet. Es gibt reiche Leute, die horten geschenkte Dinge, die ihnen nicht gefallen, und verschenken sie bei jeder unpassenden Gelegenheit weiter. Wanderbonbonnieren. Ich rieche den Braten sofort, wenn mir jemand so etwas mitbringt und ich kann diesen Geruch nicht ausstehen. Ein selbst gebackener Guglhupf ist kostbarer als das weitergereichte Firmengeschenk im Wert von 100 Euro. Extrem viel Geld lähmt den Einfallsreichtum und den Entdeckergeist. Um eine Kaviardose aufzumachen braucht es nur einen Dosenöffner, um aus Mehl, Wasser, Quark und ein paar Kräutern etwas Gutes zu kochen, braucht es Können und Fantasie. Resteküche ist die kreativste Küche überhaupt.

Als Meisterschülerin, schlagartig aus dem warmen fürsorglichen Nest im kühlen Großstadtklima gelandet, habe ich als Erstes gelernt, wo sinnvoll gespart werden kann. Das sensibilisiert auch den Sinn für gutes Handwerk und gute Handwerker und hilft, diese zu erhalten. Das ist heute so wie vor dreißig Jahren: In der Nähe von Nördlingen gibt es einen Färber, der uns, wenn wir bei der Kollektionsentwicklung plötzlich feststellen, das Kleid müsse dunkelrot werden anstatt beige, das Ganze umfärbt. Ein Experiment, das wenig kostet und viel bringt. Nur hat der Färber neulich bei uns angerufen und angekündigt, er werde wohl bald aufhören müssen – zu wenige, hat er gemeint, die »wie die Frau Strehle denken«.

Damit meint er: ökonomisch denken. Auch wenn diese Ökonomie für manche anachronistisch ausschaut. Ich habe durch mein Monatsgehalt ein Limit, das ich natürlich einfach ignorieren könnte – der Gatte zahlt's dann schon. Genau das aber vermeide ich. Haushalten ist quälend, wenn Menschen in wirklich beengten oder armen Verhältnissen leben. Aber wenn es nur halbwegs reicht, das weiß ich aus vielen Jahren, ja eigentlich aus zwei Jahrzehnten, dann regt es an und spornt es an. Durch Zufall habe ich einmal mitbekommen, dass einer der reichsten Männer Europas sich jeden Abend Dom Perignon reinschüttet wie Limonade. Gibt es in einem Lokal nur die üblichen Champagner und keinen Dom, dann verlässt er es umgehend. Der Mann kann einem leid tun: so viel Geld und so wenig Genussfähigkeit. Eine Freundin hat mir erzählt, dass in der Familie Krug der hauseigene wunderbare Champagner von jeher nur zu ganz besonderen Anlässen getrunken wird. Die haben Kultur, denn sie beweisen, dass sie ihr Produkt selbst für kostbar halten, dass sie sich seines Wertes bewusst sind. Und es daher auch für sie etwas Besonderes bleiben soll.

Als Modemacherin muss ich wissen, wie Menschen, die meine Mode kaufen sollen, haushalten. Was sie für die Prosa und was sie für die Lyrik des Lebens auszugeben imstande oder bereit sind. Auch ein Kaschmirpullover darf also nur so viel kosten, dass er im Budget einer gut verdienenden Frau drin ist, denn Überziehen bringt Stress und Schuldgefühle. Deswegen bin ich froh, dass ich selber auch als Gehaltsempfängerin ein Budget habe, also ein Limit, das ich nicht überschreiten möchte. Natürlich ist da die Firma im Hintergrund, aber es ist ganz einfach, den Gedanken auszublenden, dass ich an der anders beteiligt bin als durch Einsatz und Arbeit. Wenn ich den Preis von Mode richtig kalkulieren will, ist das ausgesprochen hilfreich. So wahrt ein Kreativer die Bodenhaftung. Und die braucht es dringend, um zu überleben unter lauter Überfliegern.

Was an manchen Schönheitsfehlern schön ist

»Was ist denn typisch für das Styling Ihrer Frau?«, fragt eine von der Presse den Ehemann.

»Sie schminkt sich nicht«, sagt er.

Die Dame von der Presse lächelt. Klar, das sagen alle, die wirklich perfektes Make-up tragen, zwei Stunden arbeitet ein Visagist an dieser Natürlichkeit. Am Abend soll sie den Bayerischen Staatspreis überreicht bekommen in der Residenz in München. Man wird sehen.

Sie kommt daher in schwarzen Hosen und einem Kaschmirpullover, ist blass, Schatten um die großen dunklen Augen erzählen von durchgearbeiteten Nächten. Nicht ein Gramm irgendeiner Farbe im Gesicht.

»Was«, wird sie gefragt, »halten Sie eigentlich von Lifting?«

»Mir ist wichtig, dass ich mir selber ins Gesicht schauen kann. Und dabei hilft das Liften nichts.«

Wir waren zwanzig, in den Augen der anderen in der Modeschule vielleicht naiv, aber bestens informiert. Elisabeth, meine engste Freundin, und ich, blätterten besessen alles durch, was an Magazinen und Journalen zu haben war, und sahen nicht nur die Kleider an, sondern die Mädchen drin. Die meisten bemühten sich, nach möglichst wenig auszusehen, denn dafür wurde am meisten bezahlt. Vorstehende Kniescheiben, ein Hals wie ein gerupftes Hühnchen, zwischen den Oberschenkeln ein handbreiter Abstand, Arme wie ein verhungerndes Kind. Twiggy, das Klappergestell aus England, war das Idol. Und damals wie heute rauben Idole denen, die an sie glauben, jede Art von Kritikfähigkeit. Wenn heute einer den Fans der Spice-Girls erklärte, die Mädchen seien vulgär und könnten nicht singen, schlügen sie ihn wahrscheinlich nieder. Wir fanden Twiggy wunderbar, und Elisabeth fand folgerichtig ihren Busen monströs groß. Und weil ich da nichts zu klagen hatte, entdeckte ich, dass meine Nase so gar nicht twiggygemäß war: lang und auch noch leicht gebogen – eine Katastrophe. Die einzige Rettung war das Skalpell, und Schönheitschirurgen hat es damals schon genügend gegeben in München. Manche Leser werden jetzt wahrscheinlich mein Foto auf dem Titel kontrollieren und sich wundern, wo an dieser Nase denn irgendetwas verschönt worden sein könnte. Es wurde nicht.

Bei Elisabeth, glaube ich, war es ein Verehrer, der dazu führte, dass sie ihren prächtigen Busen auf einmal selber prächtig fand. Bei mir änderten meine abendlichen Gänge in die Akademiestraße die Einstellung zu meinem hervorstechenden Körperteil. Ich nahm Zeichen- und Malkurse an der Münchner Kunstakademie, wo man ums Aktzeichnen nicht herumkommt. Und als ich anfing, mit wachem Auge die ja von jeher schlecht bezahlten Aktmodelle zu sehen – die meisten alles andere als ebenmäßig oder geschweige denn schön im klassischen Sinn, sonst wären sie Fotomodelle geworden –, veränderte sich meine Vorstellung von Schönheit radikal.

Da war eine alte Dame mit langem tizianrotem Haar, welkem Körper und müden Brüsten (es wurde gemunkelt, sie sei eine russische Gräfin), die eine solche Grandezza ausstrahlte, dass es jeden faszinierte. Da war ein knapp sechzigjähriger Mann mit Bauch, der wegen einer

Gehbehinderung nicht mehr sein Handwerk ausüben konnte, aber ein Profil besaß, als dächte er über die letzten Dinge nach. Da waren einfach Menschen, die mir beibrachten, meinen platten Illustrierten-Schönheitsbegriff ein für allemal zu vergessen. Schön war Haltung, schön war Ausdruck, schön war Charakter. Schön war ein Lächeln, eine Art, zu schauen, schön waren lange, ungewöhnliche Hände, schön war – eine einprägsame Nase. Mir fiel auf, dass ein Hauch von Männlichkeit Frauen schön macht und ein wenig Feminines die Männer. Und ich habe begriffen, dass nichts langweiliger ist, als das Gleichmaß, das Stereotype. Es ist doch kein Zufall, dass niemand Schönheit definieren kann. *Die* Schönheit gibt es nun mal nicht.

Wer an die Akademie geht, geht auch in die Museen, und ein Gang durch die Gemäldesammlungen macht überall auf der Welt die Vielfalt an möglichen Schönheiten ohne große Worte klar. Natürlich lästern heute alle darüber, dass die Schönheitsgöttinnen und Grazien von Rubens schwere Cellulite-Schenkel haben. Aber möglicherweise finden die Menschen, die dreihundert Jahre nach uns leben werden, unsere plastifizierten zurechtoperierten Models ebenso wenig gelungen und fragen sich erstaunt, wie jemand darin jemals ein Ideal erblicken konnte. Das Schöne ist das Individuelle – es war keine neue und schon gar keine tief schürfende Erkenntnis, die ich durch die Zeichenkurse machte. Aber sie hatte sichtbare Folgen: Meine Nase blieb, wie sie war. Und meine Entwürfe in der Schule wurden noch schlichter. Weil ich damals beschloss: wichtig ist nicht, wie viel Busen oder Bein die Mode sehen lässt, sondern wie viel Charakter.

Warum unerfüllte Wünsche oft die besten sind

Anruf mitten in der Besprechung. Ein wichtiger Anruf, für den sie sofort unterbricht: Clara ist am Apparat. Und Clara ist immer wichtig.

Die Tochter, gerade auf Urlaub bei Verwandten, eröffnet, dass sie dringend eine Barbie-Puppe brauche. Es sei kein rechter Schnee da, nichts mit Schlittenfahren, nur große Langeweile. »Nein, du brauchst jetzt keine Barbie-Puppe«, erklärt die Mutter. »Du hast genug Spielsachen dabei.« Zum Geburtstag gibt es immer noch keine. Erst zu Weihnachten im Jahr drauf. Allerdings keine neue, sondern eine alte, historische, die noch eine andre Figur hat und Acrylhaar statt Echthaar. Clara ist zuerst enttäuscht. »Aber als dann von ihrem Glitzerkleid ein Träger abgerissen ist, habe ich ganz arg geheult«, sagt Clara. »Weil das ja eine Barbie ist, die man nicht nachkaufen kann.« Die Sehnsucht nach der gewünschten Barbie-Truppe aus dem Kaufhaus sei jedenfalls erloschen.

Paris war Anfang der 1970er Jahre noch eine viel aufregendere Stadt als heute. Weil es weniger Leute gab, die sie gesehen hatten. Zumindest in meinem Umkreis. Und nun also durfte ich mit meiner Klasse zum ersten Mal dorthin reisen und eine der Schauen besuchen: entweder Chanel oder Yves Saint-Laurent. Coco lebte noch, war schon weit über achtzig, auch wenn sie das eisern verheimlichte, und die Chance, sie zu besichtigen, war theoretisch da.

Zu Chanel. Nur zu Chanel. Coco war mein großes Vorbild. Noch wusste ich nicht, was ich später erfuhr, als ich hungrig ihre Biografien reinzog: dass sie als Mensch fragwürdig war und dass sie an einer Sucht litt, die wie jede Sucht irgendwann skrupellos macht: an Geltungssucht. Damals galt sie für mich einfach als Beispiel dafür, dass eine Frau sich als Modemacherin behaupten kann, wenn sie an die eigentlichen Wünsche der Frauen denkt. An das, was Frauen anziehen wollen, um sich wohl, frei und sicher und selbstsicher zu fühlen. Coco. Das war diejenige, die mit ihrer Mode mehr bewegt hat als viele feministische Theorien. Und diese radikale Modernität an ihr beeindruckte mich tief. Der kompromisslose Verzicht auf Dekoration, der Mut, zu einer damals provozierenden Reduktion. Und Sätze wie: »Mit dreißig muss sich eine Frau zwischen ihrem Gesicht und ihrem Hintern entscheiden« imponierten mir mit gerade zwanzig gewaltig.

Es wurde per Los entschieden, wer bei CC und wer bei YSL irgendwo von der hintersten Reihe aus zusehen durfte, wie sich die ganz Großen selbst feierten. Ich zog YSL. Mein Gesicht fiel runter, die Enttäuschung machte sich breit in mir. Aber nicht lange: kaum saß ich in der Schau von Yves Saint-Laurent, befand ich, das sei doch eigentlich entschieden zeitgemäßer, aufregender, dynamischer. Und fuhr verändert heim. YSL war nun für mich der neue Befreier der Frauen – der Hosenanzug, das war es doch, wonach wir uns sehnten. Das war für eine Zukunft, in der Frauen endlich ins Business, in die Chefetagen einziehen würden, das angemessene Outfit. Zugegeben, das Wort ›Hosenanzug‹ ist eine Erfindung von seltener Dummheit. Aber die Verweiblichung des Anzugs ist ein Gedanke, der mich bis heute begeistert.

Frauen, die sich aufregen, wenn ein Mann ihnen ins Dekolleté schaut oder auf die Beine unterhalb des Stretchmini, sind albern. Dekolletés sind zum Reinschauen gemacht und Miniröcke zum Hinschauen. Solange es beim Schauen bleibt, ist das durchaus in Ordnung. Aber allein die männliche Unterstellung, eine Frau ziehe sich nur deswegen weiblich an, weil sie mit Reizen Kompetenz zu sparen versuche und mit bloßer Haut ihre Schwächen bedecken wolle, macht ein Business-Outfit unentbehrlich, wo keiner mit derartigen Argumenten kommen kann. Andrerseits geht es den meisten Frauen wie mir: In weiblichen Kleidern fühlen wir uns besser. Nicht verstellt, mehr unserer selbst bewusst. Es gibt Großkonzerne, da müssen Frauen auf fünf Zentimeter genau die richtige, also von den Männern im Betrieb sanktionierte Rocklänge beachten. Und da vergeht vielen die Lust am Röcketragen. Anderseits ist das offizielle Business-Outfit so steril, dass jede Frau sich darin eingesperrt fühlt, und so schaut sie dann auch aus. Die Hosenanzüge von YSL waren nicht gerade businessgeeignet – schon der Preis forderte ein Vorstandsvorsitzendengehalt, und wo sitzen schon Frauen im Vorstand –, aber geeignet, mich zu inspirieren.

Stoffe, Konturen, Proportionen, Details – es gab viele Möglichkeiten, den Hosenanzug zu dem Kleidungsstück zu machen, in dem Frauen unverkennbar als Frauen jede noch so steile Karriereleiter würden hinaufkraxeln können.

Dass mein Wunsch nicht erfüllt worden war, brachte mich auf einen anderen Weg – und weiter. Und vor kurzem hat mir eine Freundin einen Satz von Friedrich

Schlegel rausgeschrieben, der wie ein Leitsatz klingt zu meiner Suche nach dem richtigen Hosenanzug. Und nach dem richtigen Männeranzug. »Nur selbständige Weiblichkeit, nur sanfte Männlichkeit ist schön.«

Übrigens starb Coco kurz nach meiner Paris-Exkursion, 1971, mit siebenundachtzig Jahren. Und erst sehr viel später habe ich wirklich etwas von ihr gelernt.

DAS LUSTVOLLE KÄMPFEN

Warum es befreit, unterschätzt zu werden

Die große Sonnenfinsternis. Eine Freundin von ihr hat an genau diesem Augusttag Geburtstag. Zuerst wird im Garten gefeiert und im entscheidenden Augenblick reißen die Wolken auf: Alle sehen durch ihre Brillen die Korona. Dann wird umdisponiert – es ist zu ungemütlich, um draußen weiterzufeiern. Der Start innen wird etwas chaotisch. Aber sie ist ja da: Gabriele Strehle bindet sich eine große Schürze um, schnürt die Haare mit einem Gummi zusammen und verwandelt sich in Personal. Hilft, das Büffet aufzubauen, räumt dreckige Teller ab, leert Aschenbecher aus. Ein weiblicher Gast, in München sehr prominent, reicht ihr die Teller mit jener Herablassung an, die nur Menschen besitzen, die ans Bedientwerden gewöhnt sind. »Da ist noch was zum Raustragen. Und könnten Sie mir bitte noch einen Capuccino machen?« Gabriele stürmt in die Küche, die Gastgeberin hinterdrein. Tür zu. Gabriele schnaubt empört: »Jetzt will die auch noch einen Kaffee! Wenn da alle vierzig Leute anfangen …«. Die beiden machen einen, Gabriele serviert ihn und verschwindet wieder in der Küche. Die Dame, ihren Cappuccino trinkend, etwas verwirrt zur Gastgeberin: »Sag mal, kann das sein, dass ich die von irgendwoher kenne?«

»Kann sein«, sagt die Gastgeberin. Du bist ja viel am Tegernsee. Und sie hat dort ein Haus.«

Verkannt zu werden finden manche Menschen dramatisch. Und ein verkanntes Genie zu sein ist wirklich eine sehr unerfreuliche Angelegenheit. Aber nachdem ich kein Genie bin, hat es mir immer gereicht, wenn diejenigen meine Fähigkeiten erkannt haben, auf die es mir ankam. Darum habe ich gekämpft, weil das ja die Grundvoraussetzung dafür ist, dass Ideen überhaupt Wirklichkeit werden. Der Rest aber ist mir bis heute egal. Und das war schon ganz am Anfang meines Berufslebens so.

Alle wussten damals, wo's langgeht. Fast alle, jedenfalls in unserer Klasse. Ganz klar, wo eine Karriere zu starten hatte nach bestandenem Examen: Wenn schon nicht in Paris, dann in München bei Ralf-Modelle oder Alexander-Moden. Dort wurden Trends geschneidert, dort wurden Stardesigner gemacht. Das sagten zumindest die Schicken, Schlauen, Selbstbewussten. Und gingen ihren Berufsweg so gezielt an wie ihre Imagegestaltung. Ich dagegen suchte, fragte wie üblich herum, blätterte stundenlang in Fachzeitschriften. Im Skiurlaub mit Wolfgang, meinem Freund, stieß ich beim Blättern auf ein Stellenangebot einer gewissen Strehle KG in Nördlingen. Strehle sagte mir nichts, Nördlingen auch nicht, aber dass dort »ein(e) junge(r) Designer(in)« gesucht wurde, »die/der« sich um alles kümmern sollte, um sämtliche Teile einer Kollektion, gefiel mir.

Bei Ralf, Alexander & Co hatte man bereits als Fachidiot zu beginnen: nur Hosen, nur Röcke oder nur Blusen. Und die Vorstellung allein hat mich bedrängt: Wozu hätte ich dann gelernt, alles zu machen? Außerdem hatte ich mit achtzehn schon die Erfahrung verbucht, dass nur Menschen, die den Überblick haben, im Detail das Richtige erkennen. Ein Landarzt, der bei uns im Allgäu, in Grönenbach, direkt an der Bahnlinie seine Praxis hatte, bekam mich als achtjähriges Verreckerl vorgeführt. Meine Mutter wollte damals die Hoffnung noch nicht aufgeben, dass aus mir dauerkrankem Problemkind etwas würde, und hoffte, er werde bei mir mit irgendwelchen Reparaturarbeiten beginnen. »Das legt sich alles, wenn sie mal den Blinddarm draußen hat«, erklärte der Landarzt nur. »Warten Sie's ab.«

Als ich achtzehn war, wurde ich von diesem Wurmfortsatz befreit – und ich war gesund. Ähnliche Erlebnisse habe ich mittlerweile vermehrt gemacht. Ein guter Arzt sieht, dass der Kollege aus der Zahnmedizin einen Zahn ziehen muss, um chronische Angina zu beseitigen, oder einer aus der Psychotherapie für Entspannung sorgen muss, um die rätselhaften Herzrhythmus-, Verdauungsstörungen nebst Hautproblemen zu beheben. Der Organismus ist eben ein Gesamtkunstwerk und die Mode ist es auch. Es hilft nichts, an einem Ende herumzudoktern, wenn man das Ganze nicht im Blick hat. Mit meinen dreiundzwanzig war mir klar: Es kann nicht gut gehen, wenn die einen Rocklängen ändern oder Hosen schmaler schneiden und die anderen sich um die Oberteile kümmern. Deshalb reizte mich das Nördlinger Angebot.

Wolfgang brachte mich in seinem VW-Käfer-Cabrio hin; auf einem Parkplatz bei Harburg habe ich mich umgezogen – damit die Klamotten keine Zeit mehr hatten zu verknittern: ein apfelgrünes Leinenkostüm, selbst geschneidert natürlich.

Empfangen haben mich die alten Strehles, beide sehr friedlich, freundlich und fast familiär. Er war zurückhaltend, hatte ein Gesicht, das von Kriegsverletzungen entstellt war und hat sich am liebsten hinter den Kulissen um die Finanzen gekümmert. Sie war die Kommunikative, hat gelacht, geredet, Kontakte geknüpft – und sofort Gemeinsamkeiten entdeckt. Mir hat sie, weil sie in meinem allzu übersichtlichen Lebenslauf gelesen hatte, dass mein Vater eine Molkerei führte, sofort erzählt, sie komme auch aus einer Molkerei.

Ich spürte, dass ich von den beiden innerlich bereits eingestellt war, aber ich spürte auch, wo das Problem lag. Das Unternehmen Strehle war wie ein dralles Mädel vom Dorf: gesund und auf eine biedere Weise vertrauenerweckend – die Strehle KG stellte nur Mäntel und Kostüme bis Größe 56 her –, aber eben sehr provinziell. Der Juniorchef aber hatte bereits angefangen, das zu ändern, hatte avantgardistische Klamotten für große Kaufhäuser entwerfen lassen, Maxi-Mäntel im Londoner Chic, aber immer von wechselnden Designern. Wenn Chefs etwas ändern, wird das angenommen, ob mit oder ohne Überzeugung. Nur die, die dann das Umkrempeln besorgen, sind deswegen noch lange nicht akzeptiert. Und ich war wohl fürs Krempeln gedacht, anders gesagt: dafür, eine Linie in das Ganze reinzubringen. Ein Job, mit dem man Spaß hat, aber sich jede Menge Feinde schafft. Dann kam der Juniorchef selbst vorbei, ein hagerer Typ in dunkelblauem Rollkragenpullover und dunkelblauen Kordhosen. Er sagte nicht viel, er warf nur einen Blick auf die Bewerberin im apfelgrünen Leinenkostüm und hat zwei, drei typische Männerwitze abgelassen. Allerdings hatte ich das Gefühl, dass der kurze Blick sehr aufmerksam war. Ich ahnte nicht, dass er bald zu dem Menschen aufsteigen sollte, der einen erstaunlichen Rekord in meinem Dasein verbuchte: Mit niemand sollte ich mich häufiger, lauter und erbitterter streiten. Ich ahnte auch nicht, dass er zugleich der wichtigste werden würde; weil er erkannte, dass diese Gabriele Hecke das hatte, was er brauchte.

Was es bringt, nicht von sich überzeugt zu sein

Der Postbote liefert ein Einschreibpäckchen ab, adressiert an Gabriele Strehle. Abgestempelt mit deutschem Adler. Innen drin ein Brief auf feinem Papier. Absender: der Bundespräsident. Es wird mitgeteilt, dass Frau Gabriele Strehle das Bundesverdienstkreuz verliehen werde. Sie liest das, schüttelt den Kopf, geht zu ihrem Mann. »Du kriegst das Bundesverdienstkreuz. Die haben da nur den Namen verwechselt und aus Versehen meinen hingeschrieben.«

Dann hat sie es schließlich in der Hand, im seidenwattierten Kästchen, unsicher, ob ihr das wirklich ansteht. Da kommt die Entscheidungshilfe von Tochter Clara. »Das schaut süß aus, das behältst du!«

Die Welt der Weltgewandten war in Ordnung: Der ehrliche Trottel aus dem Allgäu, der dauernd fragte, ging in die schwäbische Provinz. Meine Mitabsolventen an der Meisterschule fühlten sich nur voll bestätigt in ihrer Meinung, als sie hörten: die Hecke Gabriele tritt eine Stelle bei einer Spießerfirma in Nördlingen an. Die anderen hätten sich nie zu so etwas herabgelassen, sie waren ja von sich überzeugt. »Natürlich glaube ich an mich«, sagte jeder lässig. Und manche weihten mich mit gütiger Nachsicht in ihr Erfolgsgeheimnis ein: »Nur ein Mensch, der an sich selber glaubt, bringt andere dazu, an ihn zu glauben.« Ich war nicht von mir überzeugt, nur von dem, was ich vorhatte. Von meinen Vorstellungen, wie eine gute Kollektion auszusehen hatte. Und mir war bewusst: Es ist nicht wichtig, dass ich alle Leute für mich gewinne – das fiele mir bis heute bei meiner Sturheit und meinen zahllosen Ticks schwer –, ich muss sie nur für meine Ideen gewinnen. Ein Bonmot, das eine Frau von der anderen klaut und immer als ihr eigenes ausgibt, heißt: »Wenn Männer Sex-Appeal beschreiben sollen, brauchen sie beide Hände dazu.«

Wenn ich Qualität beschreiben soll, brauche ich auch beide Hände dazu: Ich muss die Qualität nämlich fühlen, also anfassen oder herstellen. Und bisher hatte das ja funktioniert. Ohne mir das einzugestehen dachte ich wohl auch, als eine Frau der Tat und nicht der großen Worte, als ein Handwerker, kein Kopfwerker, als ein Mensch, der in vier Jahren München noch immer nichts Großstädtisches hatte im Auftreten, schlüge mir in Nördlingen das Vertrauen entgegen wie Stallgeruch. Ich dachte: Die riechen gleich, dass du hinlangst, dich nicht zierst und geradeaus redest.

Es gibt ein Sprichwort aus Afrika, das ich damals leider noch nicht kannte: »Wenn du unter Fremden bist, singe nicht allein, singe mit im Chor.« Ich aber war als Solist eingekauft, wenn auch noch nicht für eine Hauptrolle. Damals war eine junge Designerin von der Münchner Meisterschule für Mode ein überflüssiger Störfaktor für die Nördlinger bei der Strehle KG, eine, die das

Strehle-Konzertprogramm nicht draufhatte und nur falsche Töne reinbrachte in den lang geübten einstimmigen Chorgesang. Schließlich hatten sie schon einschlägige Erfahrungen gesammelt mit jungen ambitionierten Frauen, die in das gemütliche Unternehmen eingebrochen waren wie ein scharfer Windzug. Solche Wesen, wusste man bei Strehle, wirbelten nur alles durcheinander. Die Ehefrau des Juniorchefs hatte nämlich eine Bekannte ins Unternehmen gebracht, die Designerin war, und die beiden hatten in den letzten Jahren vor meinem Antritt einiges aufgemischt, was dem Juniorchef zweifellos geholfen hatte – zwei junge Frauen sagten ihm, was junge Frauen wollen. Die eingesessenen Kostüm- und Mantelnäher waren über diese Form der inneren Erneuerung so wenig entzückt gewesen wie über die Idee besagten Juniorchefs, die neue Linie ›Strenesse‹ zu nennen. Ein Kunstwort, typisch für diese in Kunstwörter verliebte Ära, gebastelt aus Strehle und Jeunesse.

Offenbar hatte der Juniorchef von weiblichem Konkurrenzverhalten eine gewisse Ahnung. Ich jedenfalls wurde nicht für Strenesse, die Abteilung seiner Gattin, sondern für ›Strehle Jung‹ eingeteilt. Und was mir entgegenschlug war eine Stimmung, die wahrscheinlich so formuliert worden wäre: »Jetzt haben wir schon diese Spinner bei Strenesse und jetzt kommt noch so ein verrücktes Huhn.« Ich hatte durchaus Verständnis für dieses Misstrauen, wusste ich doch von der Meisterschule, dass viele Jungdesigner auftraten, als verfügten sie über das kostbare Wissen der Eingeweihten. Damit macht man sich nicht unbedingt beliebt. Als ich bei Strehle meine ersten Schnitte vorgestellt habe, meinte der Schnittmeister ganz entschieden: »Mädchen, das geht nicht. Das ist technisch unmöglich.« Also habe ich mich nachts, wenn der Laden leer war, an die Maschine gesetzt, habe das Unmögliche genäht. Als ich dann meine Proben hergezeigt habe, stieß ich nicht grade auf flammende Begeisterung, aber immerhin auf Anerkennung. »Die schwätzt nicht nur, die macht was«. Mein Vorgehen, statt von mir von meiner Arbeit zu überzeugen, war erfolgreich, entspannend war es leider nicht. Und das sah man mir an.

Wie Peinlichkeiten erfreulich werden

Die Firmenspitze des Kosmetikkonzerns ist angereist. Endlich sollen die Leute, die Gabriele Strehles ersten Duft lancieren, Gabriele Strehle selber kennen lernen. In Weltkonzernen dieser Art sprechen die Deutschen gerne Englisch, auch untereinander – wirkt irgendwie weltläufiger. Und so lesen die Marketingexperten die Umfrage- und Marktforschungsergebnisse sehr schnell auf Englisch vor. Business-Englisch. Gabriele Strehle schaut angespannt, tuschelt nach rechts, dann nach links. Schließlich sagt sie: »Tut mir leid, ich komm da nicht mit. Könnten Sie das nicht auch auf Deutsch sagen?«

Es ist ihr peinlich. Aber nur ein paar Sekunden. Dann steht die Chefin der Abteilung auf, entschuldigt sich. Und von da an sprechen die Deutschen Deutsch.

Aus einer zeitlichen Distanz sehen viele einstmals übergroße Probleme so aus, als betrachte man sie mit umgedrehtem Fernglas. Und das macht sehr viel Spaß.

Hätte ein Psychiater mich 1974 in der Firma beobachtet, ich wäre vielleicht nicht in der geschlossenen Abteilung, bestimmt aber in einem Selbstsicherheitstraining gelandet. Denn ich ging immer an der Wand lang. So nah wie möglich an der Wand. Und wenn mir jemand entgegenkam im Flur, habe ich mich nur für die Wand interessiert. Morgens um zehn hatte ich bereits sichtbare Schweißflecken unter den Achseln und Haare, die am Kopf klebten, mittags um halb eins bin ich nicht in die Kantine, sondern nach Hause zum Duschen. Was so schweißtreibend wirkt, war der Druck, mich mit jedem Handgriff behaupten und beweisen zu müssen. Ich zumindest empfand das so. Und ich glaube, dass sehr viel mehr Menschen unter diesem Problem leiden, wenn sie aus der Ausbildung ins Berufsleben wechseln, denn der Übergang ist radikal. Keiner bereitet einen darauf vor. Es ist, als käme eine Pflanze aus dem Gewächshaus in die freie Natur, und zwar zu stürmischen Zeiten.

Das, was in solchen Phasen hilft, fehlte mir: jemand, der abends auf mich gewartet hätte, um mich zu trösten, zu bestärken und aufzurichten. Mein Wolfgang, mittlerweile mein ordentlich angetrauter Ehemann, machte sein letztes Staatsexamen als Veterinärmediziner in München und war nicht abkömmlich.

Also musste ich wohl mit meinen Schweißflecken leben. Ich lebte auch damit, dass die wesentlichen Modezeitschriften in der Firma immer von anderen gelesen wurden – ich habe sie mir dann eben selbst gekauft. Immer aber geschah das alles mit einem ungutem Gefühl im Bauch: dem Gefühl, nicht anerkannt zu sein. Und wer sich einredet, auf der Flucht zu sein, wird auch rastlos und fühlt sich dauernd verfolgt. Damit, dass wahnsinnig wichtige Leute in den guten Zimmern saßen und ich mich in die kleinste Bude verdrückte, lebte ich. Doch ich lebte damit ziemlich schlecht. Ich hatte Lust auf offenen Widerstand, aber keinen Mumm dazu. Nur innerlich habe ich ihn geleistet, indem ich weiterhin dachte und machte, was ich für richtig hielt. Nach außen hin war ich die scheue Maus.

Und dann kam mein Geburtstag, und die Frau des Juniorchefs überreichte mir ein Geschenk: eine große Flasche Eau de Toilette. Ich bin in meine Wohnung geflohen, habe geheult und getobt. Was für eine gemeine Beleidigung. Das sollte wohl ein Hinweis sein, dass meine Schweißflecken sie behelligten. Ich fühlte mich beschämt und gekränkt, denn zu viele hatten gesehen, was ich da bekommen hatte.

Glücklicherweise gab es damals einen Mann, der mich coachte. Und der kam am Wochenende angereist, machte mit mir lange Spaziergänge und eröffnete mir, dass ich zwar sachlich richtig liege, menschlich aber völlig daneben. Das Parfum sei kein grober Hinweis, sondern eine alltägliche Geste, und das Problem sei nicht die indezente Juniorchefin, sondern meine Unsicherheit. Meinem Coach vertraute ich, weil er meine Sprache sprach und mich kannte wie kein anderer. Schließlich war er mein Vater. Und als ich irgendwann anfing, über meinen Ausraster wegen des Parfums zu lachen, hatte er sein Coaching-Ziel erreicht.

Für mich war das eine befreiende Einsicht: Sobald man seine Peinlichkeiten komisch findet, sind sie überwunden.

Auch als ich mitbekam, dass sich ein paar Männer im Nördlinger Tennisclub das Maul zerrissen haben über mich, weil ich ohne BH unter dem weißen Hemd Tennis gespielt hab, war mir das nur sehr kurz peinlich. Dann dachte ich: Über irgendwas müssen sie ja reden, wenn eine in ihre Kreise einbricht. Dann ist es mir lieber, sie reden über meinen mangelnden BH als über mangelnde Qualifikation. ›Pein‹ heißt ja schlicht Schmerz; der kann nur den treffen, der an genau dieser Stelle verwundbar ist. Es gibt keinen besseren Schutz gegen solche Verwundungen als die Selbstironie. Mit der wird nur leider keiner geboren. Genauso wenig wie mit dem Wissen, wann der richtige Zeitpunkt ist zu gehen. Oder zu bleiben.

Wann bleiben besser ist als gehen

Die Stylistin gilt als eine der besten. Sie weiß, dass sich die Modedesigner um sie reißen. Diesmal hat sie Gabriele Strehle die Gnade gewährt. Es ist der letzte Abend vor der Schau in Mailand. Und eines ist mittlerweile klar: Die Hartnäckigkeit, mit der beide das Beste wollen, verbindet sie. Aber die Chemie stimmt nicht. »Die springt mit mir um wie der Militärhengst mit dem hintersten Rekruten«, flüstert Gabriele, noch dünner, noch blasser als sonst, einer Freundin zu. Die Nerven der Designerin, dünn gewetzt von den durchgearbeiteten Nächten zuvor, sind am Zerreißen. Mühsam unterdrückt sie die Tränen. Sie kann nicht mehr. Und ist auf einmal drauf und dran, alles hinzuschmeißen. Dann bleibt es eben, wie es ist. Warum sich noch mal eine Nacht so behandeln lassen, ändern, nähen, schneiden,

panisch herumtelefonieren, neue Accessoires organisieren.
Verlockend steht die Vision vor ihren Augen: einfach ins
Hotel gehen und sich ausschlafen. Aber aufgeben, unzufrieden weggehen? Nein, das ist nicht ihr Ding. Eine halbe,
dreiviertel Stunde ohne die Generalin, das würde ja schon
reichen zum Aufatmen, Auftanken. Die Stylistin kritisiert,
fordert, schafft an, befiehlt. Da kommt der Entnervten eine
Idee: Wozu hat sie ihren Heilpraktiker einfliegen lassen?
Die Stylistin klagt über Kopfweh und Erschöpfung. Na also.
»Wollen sie sich nicht eine Vitamin-C-Infusion geben lassen? Die baut fantastisch auf.« Der Heilpraktiker ahnt, was
los ist, und braucht noch etwas länger. Ob es das Vitamin C
war oder die Auszeit? Der Rest dieser langen Nacht ist
jedenfalls konstruktiv.

Die Frage lässt uns nie los, und erst am Ende entscheidet eine höhere Macht sie für uns: Gehen oder bleiben? Weggehen von daheim oder bleiben? Weggehen aus dem Ausbildungsort oder bleiben? Weggehen aus dem vertrauten Freundeskreis oder bleiben? Weggehen vom Partner oder bleiben? Weggehen vom sicheren Arbeitsplatz oder bleiben? Oft ist der Aufbruch die richtige Lösung, und weil der Aufbruch etwas Mutiges und Erneuerndes an sich hat, wird er meistens empfohlen, sogar verklärt zu etwas Heldenhaftem. Einsam geht der Held seinen Weg weil er weiß, dass es der richtige ist. Das macht sich gut. »Du musst nach zwei Jahren die erste Stelle verlassen, sonst kommst du niemals weiter.« Das war die Karriereanweisung, die bei uns in der Meisterschule als ehernes Gesetz galt. Natürlich habe auch ich brav dran geglaubt und auf den Kalender geschaut. Nach Italien wollte ich gehen. Das schien mir damals das Land zu sein, in dem die Mode der Zukunft entsteht, und Armani mit seiner Schnörkellosigkeit, mit dieser Mischung aus Konsequenz und Lässigkeit, war und ist mein großes Vorbild.

Die zwei Jahre waren längst um, und interessante Angebote waren da. Ich blieb, schaute auf den Kalender und fühlte mich feige. Und dann habe mir einen Diskussionspartner gesucht, dem ich alles an den Kopf werfen konnte: mich selber. Ich ließ die berühmten zwei Seelen in meiner Brust miteinander streiten. Und das hörte sich ungefähr so an.

Du Angsthase, du erbärmlicher. Du bleibst doch nur, weil du dich nicht traust, den sicheren Job hier hinzuschmeißen.

Blödsinn, ich weiß schon, dass ich etwas anderes kriege.

Gut, dann bist du eben zu faul, dir an einem neuen Ort von neuem alles zu erarbeiten.

Ich bin vieles, aber faul bin ich nicht.

Dann eben zu bequem.

Auch nicht.

Jetzt behaupte bloß nicht, hier sei alles grandios. Du schimpfst dauernd, der Betriebsleiter hier sei ein Mistkerl, der sich überall einmische und von nichts was verstehe. Den willst du doch schon lange loswerden.

Wenn ich gehe, hat er gewonnen.

So kann man sich seine Feigheit schönreden. Du hast doch international nur Chancen, wenn du noch etwas anderes siehst als dieses Provinzkaff. Das hier wird nie was Großes.

Wer sagt das? Es gibt genügend große Leistungen in der Provinz. Hier lenkt wenigstens weniger ab.

So umschreibst du die Tatsache, das du dich aufarbeitest.
Nein, aber diese Hochnäsigkeit gegenüber der Provinz ist lächerlich. Die wirklich provinziellen Dinge kommen oft aus den Metropolen.
Sagen wir's doch ehrlich: Du hast Schiss vor der Großstadt, vor der Fremdsprache ...
Nein, aber ich habe keine Lust, wieder bei Null anzufangen, wo ich mir hier gerade eine Basis aufgebaut habe.
Du bist jung, das kannst du in Mailand noch mal tun.
Ich bin langsam, beharrlich und eigensinnig. Bis ich wieder so weit bin, hab ich's hier vielleicht schon geschafft.
Vielleicht, genau, sehr vielleicht.
Sicher ist eh nichts. Ich bleibe.
Ich bin geblieben. Und habe das Gefühl, ein Feigling zu sein, ziemlich bald überwunden.

Wann Streiten Erfolg beschert

Der Mann ist ein Faktotum im Haus, und ihm vertraut sie. Er leitet den Stoffeinkauf für die Firma und nimmt, wenn er auf Reisen geht, um Musterstoffe zu besorgen, die junge Designerin gerne mit. Auf den langen Autofahrten nach Italien und Frankreich haben sie Zeit zu reden. »Ist da eigentlich was zwischen dir und dem Chef?«, fragt er.

»Wie kommst du denn auf die blöde Idee«, sagt sie. »Das ist doch die geschmackloseste Nummer überhaupt, wenn sich die Directrice am Chef vergreift.«
»Na ja«, sagt er. »Ich hab nur gedacht: so wie ihr euch fetzt.«

Am Ende der Diskussion sind beide heiser, gehen mit einem schlechten Gefühl und Magenschmerzen auseinander, bekommen getrennt eine Gastritis. Und haben nur eins erreicht: dass der andere nicht erreicht hat, was er will.

Die Sorte Streit ist die übliche, und deswegen raten kluge Menschen oft generell ab von solchen Wortgefechten. Üblicherweise sind Frauen da ja verbal besser mit Munition ausgerüstet als Männer. Bei mir war das nicht so und wird auch nie so sein. Mein Kriegsgegner hieß Gerd Strehle. Er war vom Juniorchef zum Chef geworden und ich zur Chefdesignerin von Strenesse. Also prallten wir beide direkt aufeinander. Er, gefedert mit Freundlichkeit, ich geharnischt mit dem Entschluss, meine Vorstellungen durchzusetzen.

Es gibt Streitereien, die beginnen mit nackter Streitlust, dann erst suchen sich die Beteiligten einen geeigneten Gegenstand, über den sie sich streiten können. Diese Aktionen enden mit Erschöpfung oder Zerfleischung. Bei uns war da zuerst das Objekt, und an ihm hat sich der Streit entzündet: die Mode des Hauses. Gerd Strehle war, was er noch immer ist: ein beweglicher Mann, weltoffen und gesegnet mit einer Beobachtungsgabe für das, was sich Trend nennt. Ich war, was ich noch immer bin: kommunikativ unsicher, stilistisch instinktsicher und hartnäckig. »Könnten Sie nicht mal so etwas machen wie die Leute bei Escada? Frische Farben, schöne Blumenmuster, dekorative goldene Knöpfe... Das mögen die Frauen«, meinte er verbindlich.

»Aber ich hasse es und mach das nie und nimmer«, habe ich gesagt. Und wenn er dann anfing, mir vorsichtig beizubringen, dass es in seiner Firma nicht so sehr um meine Gefühle als um seine Zahlen ginge, habe ich nicht noch einmal dasselbe gesagt. Ich habe dasselbe geschrien. Mein Streitstil war offen gestanden ziemlich hilflos, und ich habe während des Streits jedes Mal gespürt, das ich durch meine Leidenschaft unterlegen war. Und er der Souveräne. Trotzdem ging es mir hinterdrein immer gut. Wenn ich mich mit aller Kraft gewehrt, meine Vorstellungen verteidigt und keine Abstriche gemacht hatte, spürte ich wieder mich selbst, wurde mir meiner Konturen bewusst und kam zu mir. Streiten kann dem Selbstbewusstsein gut tun. Wenn ich den Mut in mir spüre, für das, woran ich glaube, zu kämpfen, fällt es mir leichter, mich selbst zu achten. Natürlich ist es in den Augen derer, die für Freiheit, Frieden und andre Ideale kämpfen lächerlich, wenn ich als Modemacherin derartige Reden schwinge. Ich sage das dennoch, weil dieses Buch nur einen Zweck haben kann: ein Ermunterungsbuch zu sein für Menschen, die wie ich nicht windschlüpfrig sind und deswegen oft nur mühsam weiterkommen.

Ich ermuntere also zum sinnvollen, zum objektbezogenen Streiten.

Durchs Streiten haben wir viel mehr voneinander erfahren. Jeder hat gesehen, wo der andere sein Terrain absteckt. Jeder hat gemerkt, wo der andere die absolute und unübertretbare Grenze seiner Intimsphäre zieht. Jeder hat gespürt, wo er den anderen nicht treffen darf, weil es sonst Wunden gibt, die lange nicht heilen. Schon aus dem Grund betreiben wir es weiter. Gemäßigter, wie wir finden. Unsere Mitarbeiter finden das allerdings nicht. Aber wir haben eine Methode gefunden, uns gegen die

Fortsetzung der Diskussionen zu Hause zu schützen. Denn ich kann wegen eines einzigen Knopfs die ganze Nacht durch diskutieren. Wir haben einen Vertrag gemacht mit Clara, unserer gemeinsamen Tochter: Sobald sie uns dabei erwischt, dass wir nach Verlassen der Firma noch immer über Berufliches reden oder streiten, bekommt sie zehn Pfennig. Sie klagt die Strafgebühren auch aufmerksam ein. Aber sie hat jetzt beschlossen, die Gebühren zu erhöhen, weil die abschreckende Wirkung von zehn Pfennig oder Cent offenbar zu gering sei. Sie will jetzt auf einen Euro erhöhen.

Weshalb Verlust Gewinn sein kann

Der große Sommerurlaub steht an: vier Tage Capri. Sie hat in Windeseile den Koffer gepackt und obendrauf noch ein Täschchen mit dem schönsten Belohnungsring gestopft. Einen von den antiken schlichten Silberringen, mit denen sie sich maximal zweimal im Jahr selbst beschenkt, wenn eine Kollektion erfolgreich war. Im Hotel stellt sie fest, dass sie in der Hektik offenbar den Koffer nicht abgeschlossen hat. Jedenfalls ist das Schloss offen und das Täschchen weg. Kurz tut's weh. Aber dann fühlt sie sich leichter, sogar befreit. Eigentlich findet sie doch, dass Schmuck ihr gar nicht steht und solche Sammeltriebe albern sind. Zurück von der Reise lässt sie alle Ringe einschmelzen zur Fassung für einen Stein, den ihre Mutter ihr mal geschenkt hat. Aus der Hauptsache ist eine Nebensache geworden. Das freut sie jedes Mal, wenn sie den Stein ansieht.

Ich war in der Fertigung und stand unter höchstem Stress. Mit siebenundzwanzig war ich alt genug, um kapiert zu haben, was Verantwortung heißt – selber den Kopf hinhalten für alles, was schief geht. Ich sah nur Schnitte, Stoffe, Termine. Und fühlte den Druck des Gedankens: Ohne dich geht hier gar nichts weiter. Du darfst keine Sekunde ausfallen. Da kam der Anruf: der Vater ist tot.

Mit siebenundzwanzig war ich zu jung, um zu akzeptieren, dass der Tod unerwartet kommt und Wahrscheinlichkeitsrechnungen lächerlich sind, nach denen ein gesunder Mann von neunundfünfzig nicht aus heiterem Himmel stirbt. Aber im richtigen Alter, um endlich einzusehen, dass jeder verzichtbar und ersetzbar ist. Und dass es lächerlich ist, zu behaupten: »Ich hab überhaupt keine Zeit«, denn wenn es nötig ist, dann ist die Zeit auf einmal da. Das Leben holt sie sich, und sei's durch einen Tod.

Meine Mutter quälte nicht nur der Schmerz um ihn, sie quälte sich selbst durch Vorwürfe: Sie sei schuld, denn sie habe ihn im Stich gelassen. Klingt, als sei sie mit einem Liebhaber durchgebrannt, aber sie hatte nur in über dreißig Jahren Ehe etwas Ungeheuerliches gewagt: alleine zu verreisen. Sie war sehr gläubig und hatte mit einer kleinen Gruppe zusammen eine Reise nach Lourdes angetreten. Sie kam nur bis Oberitalien. Da zwang die Nachricht sie zurück: Ein Mitarbeiter in der Molkerei hatte den Chef vermisst – er war berüchtigt pünktlich, aber nach der Mittagspause nicht mehr erschienen. Der Mann wusste, über welche Innentreppe er an die Küchentür kam, durch deren Glasfenster er auf das Mittagsschlafsofa schauen konnte. Mein Vater lag noch drauf, aber nicht mehr bereit, ein weiteres Mal im Leben aufzustehen.

Wir Kinder hielten es natürlich für unsinnig, was die Mutter sich da anlastete, aber mein jüngerer Bruder Alfons, der immer so eine Hippie-Abgeklärtheit besaß, sagte nur: »Das können wir ihr nicht ausreden.«

Wir konnten es wirklich nicht.

Es hätte mir also klar sein müssen, dass meine Mutter ihm nachsterben wollte und würde. Zuerst einmal war der Verlust des Vaters für mich ein doppelter und katastrophaler: Mit ihm war ja plötzlich auch mein engster Berater weg. Dann stellte ich erstaunt fest, dass ich Selbstgespräche zu führen begann, und dachte: Jetzt wird's Zeit für die Couch. Doch als ich genau hingehört habe, habe ich festgestellt: Ich spreche gar nicht mit mir selbst, sondern mit ihm. Ich kannte ja seine Art zu denken, zu fühlen, zu reagieren. Und das bedeutete bei allem Schmerz für mich einen Gewinn an Mut, an Unbedingtheit.

Allerdings bekam der Vater in mir drin sofort jede Menge unangenehme Arbeit, denn die Gerüchte über meinen Chef, seine Frau und mich verbreiteten sich wie eine ansteckende Krankheit. An fast jedem glaubte ich Anzeichen zu erkennen, dass er schon infiziert sei. Kaum ein Blick, indem ich nicht Verdacht, Missgunst oder stumme Anklage las. Es ist im Rückblick interessant zu sehen, wie schnell man sich in etwas hineinsteigern kann. Ich wäre dem Verfolgungswahn verfallen, wären da nicht die Gespräche mit dem inneren Vater gewesen. »Zeig mir jemand, der nie klatscht. Die Leute interessieren sich halt für Leute«, hat er immer gesagt.

Und vor ausgedehnten Verteidigungskampagnen hielt mich mein innerer Vater auch ab. »Wenn du was bestreitest, dann denken die meisten erst recht: Es stimmt.« Und ich sagte mir das nun vor, um die Situation als durchaus normal-menschlich zu empfinden. Gleichzeitig machte es mich wütend, dass ich mich nicht verteidigen konnte, denn Gerüchte verstummen, sobald der auftritt, dem sie gelten. Wie Küchenschaben, die in Sekundenbruchteilen verschwunden sind, sobald einer das Licht anmacht.

Nüchtern betrachtet sah ich natürlich aus nach dem, was sich in Frankreich *allumeuse* nennt – einer Zündlerin: Mein Noch-Ehemann war nie da, weil er Praxisvertretungen machte und das Leben mal hier, mal dort verständlicherweise amüsanter fand, als in Nördlingen an der Seite einer überarbeiteten Frau. Aber mein Chef, für mich der Inbegriff einer treuen Seele, bot doch keinerlei Anlass zum Klatsch. Tatsache war, dass ich Chefdesignerin für alle Kollektionen war und deswegen dauernd mit ihm unterwegs. Unterwegs zu Stoffherstellern und unterwegs zu neuen Zielen. Wir wollten oder, besser gesagt, mussten zu zweit durchziehen, was heute ein ganzes Team erledigt: Einfluss nehmen an der Quelle. Dort, wo unsere Ausgangsmaterialien entstehen. Mit den ewig gleichen Stoffen kann nichts wirklich Neues entstehen. Mir war klar, dass diese Menschen, Meister ihres Handwerks, die Richtigen und die Wichtigen waren, wenn ich etwas bewegen wollte. Und habe freudig festgestellt, dass die Weber begierig waren auf Anregungen von anderer Seite. Seit damals bin ich überzeugt davon, dass alle tiefer gehenden Veränderungen ganz vorne ansetzen müssen. Nicht im Finish, sondern dort, wo das Material entsteht, mit dem gearbeitet wird.

Das Komische bei dem Ganzen: Gerd und ich waren beide derart überzeugt, nur der Sache wegen so eng miteinander zu verkehren, nur unserer Aufbruchsstimmung wegen so erregt zu sein, dass wir nicht bemerkt haben, wie aus der Nähe Liebe wurde und aus der Liebe zu den gemeinsamen Plänen Liebe zueinander. Schleichend und unauffällig. Gott und die Welt, speziell die Nördlinger Welt, hatten längst erkannt, dass wir ein Liebespaar waren, nur ich traute mich noch nicht, das zuzugeben. Nicht mal vor mir selber. Denn unsere heimliche Liebe war mir unheimlich. Ich war drauf und dran, zu den alten Strehles zu rennen und sie in drastischen Worten zu ermuntern, die Klatschmäuler zu stopfen. Aber da erinnerte mich der Vater in mir dran, dass ausgerechnet die beiden bereits am Anfang meiner Nördlinger Ära geseufzt hatten: »Mädel, warum bist du nicht früher gekommen?«

Vielleicht war das ja nur beruflich gemeint, aber so etwas lässt einiges an Deutungen zu.

Der Verlust meines Vaters brachte außer meiner mühsam trainierten Fähigkeit, alleine zu stehen, ganz ohne Anlehnen, auch eine neue Nähe zu meiner Mutter. Die meisten Frauen entfernen sich von ihrer Mutter dann, wenn die ihren Lebensstil nicht nachvollziehen kann oder will. Und der Stil, wie ich eine so genannte Ehe führte, gefiel meiner Mutter nicht wesentlich besser, als wenn sich Martin die Oberarme tätowiert hätte oder Alfons in eine Kommune gezogen wäre.

Jetzt aber, wo sie die Sehnsucht nach dem Tod kaum

verbergen konnte, traf sich meine Sorge mit ihrem Wunsch, die Schatten aus dem Kopf wenigstens stundenweise zu vertreiben. Also kam sie oft nach Nördlingen, wohnte bei mir, kochte für mich und schrieb für mich Rezepte auf – ihr Testament. Ein Vermächtnis der sinnlichen Traditionen, das für mich unbezahlbar ist. Denn mit jedem Rezept hat sie etwas von unseren Erinnerungen aufgeschrieben und von sich selbst erzählt. Seither ermuntere ich jeden, seine Eltern, wenn er sie liebt, darum zu bitten, dass sie etwas aufschreiben oder auf Band sprechen. Das sind die kostbarsten Erbstücke. Dass ich sie so bald wirklich als Hinterlassenschaft besitzen würde, ahnten wir beide, ahnten wir alle, aber ich wollte es nicht wissen. Später erst bin ich draufgekommen, wie viele Krankheiten damit anfangen, dass ein Mensch sich seelisch verzehrt, weil ihn die Sorgen, Ängste, Nöte auffressen – und Krebs ist eine Krankheit, die aufzehrt, die auffrisst.

Sie gab vor, gegen ihn anzukämpfen, weil sich kampfloses Aufgeben für ihr Gefühl nicht gehörte. Doch es war ein Scheingefecht, denn sie wollte meinem Vater nachfolgen. Und als sie es verlor, war ich bei ihr im Krankenhaus. Dafür bin ich bis heute dankbar, denn das machte aus dem Verlust erst wirklich einen Gewinn. Bis dahin hatte ich, aller katholischen Überzeugungen und Gebete zum Trotz, Angst gehabt vor dem Sterben. Ich hatte es mir vorgestellt als etwas Gewaltsames, Grausames. Aber meine Mutter hat sich gesehnt nach dem Tod. »Dann sind wir wieder zusammen.« Und da saß ich nun an ihrem Bett und wurde Zeuge, wie jemand nicht zurückzuckt vor dem, was wir das Ende nennen, sondern sich bei aller Entkräftung bewusst darauf zubewegt. Sie wurde immer stiller und ruhiger, als müsse sie sich auf das eigentlich Wichtige, auf ihr Ziel konzentrieren. Und sah irgendwann nicht mehr mich an, sondern nur noch auf das Kreuz an der Wand gegenüber. Es war so selbstverständlich wie sie ging, als ginge jemand zur Tür hinaus. Was von ihr blieb wie ein Duft, der in meiner Seele hängt für den Rest meines Daseins, war ihre Stärke bei diesem Abgang. Und die Weisheit, mit der sie gesehen hatte, wohin ich gehen werde.

Es war kurz vor ihrem Tod gewesen, als ich, ihn täglich erwartend, vor einer Kurzreise zum Stoffeinkauf nach Italien bei ihr noch vorbeifuhr. Als ich mich ins Auto setzte, in das Cabrio eines gewissen Gerd Strehle, sah ich sie oben am Fenster stehen und herunterschauen. Ich habe gewinkt, sie winkte zurück. Und als ich danach wieder bei ihr war, sagte sie, ohne auf eine Antwort zu warten: »Ist da was?«

Wenig später verlor ich sie. Ihr Satz aber blieb mir und erfüllte sich. Ja, da war nun was.

Was Zweifel besiegen kann

Kurz überlegt er, ob er nicht sofort die Polizei holen soll. Die Frau, die da in Jeans und weißem Hemd auf dem Grundstück herumtigert, neugierig späht und auf weichen Sohlen ans Haus heranschleicht: Was sie da macht, steht unter Strafe. In den USA herrschen da strenge Gesetze und in Florida, auf einer elitären Insel wie Captiva, erst recht. Und schließlich hat sie das Terrain eines amerikanischen

Stars betreten, der mit Leuten wie Hilary Clinton und Sharon Stone seine Wochenenden verbringt. Darryl Pottorf geht auf den weiblichen und anscheinend unbewaffneten Eindringling zu. So wie sie redet, kommt sie aus Europa. Sie interessiere sich eben für dieses Art Center, erklärt sie ungeniert und gibt ihm ihre Telefonnummer. Nach zwei Sätzen verspricht Darryl, sich zu melden. Am nächste Tag ruft Darryl bei ihr auf Sanibel Island an und lädt sie zum Kaffee ein. Nach ein paar Tagen verkehrt sie in diesem Haus, dem Haus seines Arbeitgebers und Freunds Bob Rauschenberg, Amerikas wohl berühmtestem lebenden Künstler. Was ihn denn bewogen habe, fragt ihr Mann dann jenen Darryl Pottorf, die neugierige Späherin nicht rauszuschmeißen, anzuzeigen oder ihr in die Beine zu schießen, sondern sie einzuladen?

»Ich habe gespürt, dass sie ein guter Mensch ist und Bob gut tun könnte.«

Bei uns gibt es Trainings für beinahe alles. Für Rückenmuskeln und Fitness, für Manager und für Smalltalk, für mehr Selbstsicherheit und fürs richtige Flirten. Nur das Gespür für menschliche Qualitäten, für Vertrauenswürdigkeit, das trainiert keiner. Ich selber habe mich immer wieder in Menschen getäuscht, aber nur dann, wenn ich den ersten Eindruck ignoriert habe. »Hüte dich vor dem ersten Eindruck«, sagt ein Freund von mir, der Analytiker ist, »es ist nämlich der richtige.«

Mein erster Eindruck von Gerd Strehle war: Der kümmert sich. Und er kümmerte sich immer mehr – um mich. Aufmerksamkeit ist für mich immer schon ein Zeichen von Hinwendung gewesen. Und ohne dass wir uns mehr berührt hätten, als der Beruf es forderte, berührten sich unsere Existenzen. Seine Frau war mit den Kindern weggezogen, mein Mann und ich teilten nur noch den Namen und die Steuererklärung. Aber er spürte meine einzige Sucht: die Sucht nach Harmonie. Und er spürte meine Scheu: das Klischee zu bedienen, dass sich eine Directrice den Chef greift. Er hätte nun zu einer bewährten und beliebten Methode greifen können: mir den Ausstieg aus der Beziehung zu erleichtern, indem er mir meinen Partner madig machte. Quintessenz: »Der verdient dich doch gar nicht.« Aber Gerd erkannte instinktiv, dass genau diese Methode bei mir kontraproduktiv ist. Er meinte nur sachlich, es sei nicht meine Sache, meinem Noch-Mann die Praxismiete und Steuernachzahlungen zu finanzieren und nebenher noch meine Wohnung hier. Ich war in einer Phase der Zögerlichkeit, wagte nicht den Schritt nach vorn zu tun und ärgerte mich selber drüber. Ich wollte und wagte nicht zu wollen. Schließlich kam ich aus einem katholischen Haushalt, und es schien mir ein schlimmer Verstoß zu sein gegen all die Werte, die mir beigebracht worden waren, einen Ehemann zu verlassen. Zumal der einen friedlichen, freundlichen Charakter besaß und das größte Problem zwischen uns eigentlich meins war: Ich wollte von ihm in meinen beruflichen Absichten verstanden werden und fühlte mich nicht verstanden. Dass er auf der Messe einmal bei uns am Stand erschienen war, dort nur im Stuhl hing und sein Bier trank, hatte ich als persönliche Provokation empfunden. Jeder andere hätte das wahrscheinlich durchaus normal gefunden. Theoretisch machte es eine Trennung leichter, dass meine

Mutter, die Symbolfigur meines Wertesystems, die Hüterin jener Moral, tot war – ich verletzte sie zumindest nicht mehr. Praktisch aber nicht, weil ich mich ihrem Vermächtnis noch mehr verantwortlich fühlte. Ich sperrte mich ein in diesen Prinzipien und in meiner Einsamkeit. Die fröhlichen Wochenend-Exkursionen nach München hatte ich aus meinem Programm gestrichen. Und wahrscheinlich war ich wie jeder Mensch, der auf diese Weise verkrustet, dabei, wunderlich zu werden. Ein Einsiedler inmitten eines Teams, ein Einzelgänger in einer großen Firma. Eine der vielen Frauen, die für ihren Erfolg den höchsten Preis bezahlt: den, auf Glück und Liebe zu verzichten. Dann war ich auf einer Geschäftsreise. Als ich zurückkam, war meine Wohnung leer. Gerd hatte mich umgezogen – zu sich. Damit hatte er mir den schwierigen Entschluss abgenommen, sich selber aber mit der Lebensgefährtin ein sattes Problem eingehandelt. An dem hat sich durch die Heirat später auch nichts geändert, und es ist vermutlich das klassische Problem, das ein Mann mit einer Frau hat, die an ihrem Beruf hängt und sich darin beweisen will: Ich war daran gewöhnt, alleine zu entscheiden und alles mit mir alleine auszutragen. Das macht stark, aber unzugänglich. Ich hatte bis dahin alles mit Kraft erledigt, mit Willenskraft vor allem. *Ich* hatte das Tempo vorgegeben und dabei verlernt, mich auf das eines anderen einzustellen. *Ich* war verantwortlich für meine Abläufe und ließ gar keinen Platz für Einmischungen. Anders gesagt: Meine Partnerschaftsmuskulatur war völlig untrainiert, schlaff, nicht bereit und nicht imstande, schnell zu reagieren auf die geistigen und seelischen Bewegungen eines anderen. Obwohl ich sehr jung das erste Mal geheiratet hatte, wusste ich nicht, wie Zusammenleben funktioniert, weil Wolfgang und ich es ja kaum geübt hatten. Ich war also auch partnerschaftlich ein völliger Spätzünder und hatte trotz der Affären zwischendrin und meiner Lust an Körperlichkeit etwas von einer alten Jungfer: etwas Prinzipielles, Stures, Starres. Die heikelste Angelegenheit in dieser neuen Zweisamkeit waren die beiden Kinder aus Gerds erster Ehe, Luca und Viktoria. Ich war unerträglich für andere und mich selbst, weil ich Angst hatte, den beiden gegenüber alles falsch zu machen, wenn sie bei ihrem Vater auf Besuch waren. Bis ich bewusst mein Hirn ausgeschaltet habe und nur nach meinem Gespür ging. Ich habe sie weder bemuttert noch betütelt, nicht reich beschenkt und auch sonst nicht verwöhnt. Ich habe ihnen, wenn sie bei uns zu Besuch waren, am Bett Kinderlieder vorgesungen und am Adventskranz Weihnachtslieder, habe für sie Spätzle mit Gulasch oder ihr Wiener Schnitzel mit Kartoffelsalat gekocht, ihnen zugehört und Gutenachtgeschichten vorgelesen. Und irgendwann sagten beide Mama. Die echte hat es souverän genommen. Und für mich war es ein Grundkurs in Selbstsicherheit: nicht mein Kopf, sondern mein Bauch sagt in Krisen das Richtige.

DIE BELEBENDEN ÄNGSTE

Warum auch schlimme Träume gut sind

Es ist wie es war in meiner Kindheit. Ich gehe die steile Treppe hinterm Haus hinauf, die auf das Dach der Garage führt, in der die Lastwagen stehen. Unten ist der Kompost, oben ein Platz, durch ein Geländer abgesichert, auf dem meine Mutter die Wäsche aufhängt. Ich helfe ihr, reiche ihr die Wäscheklammern zu. Und stürze ab. Falle, falle, falle, bin erfüllt von Unsicherheit und Angst. Und lande nicht etwa auf dem Komposthaufen. Aber ich komme an, wohlbehalten. Irgendwo, ich weiß nicht wo.

Diesen Traum hatte ich am Ende des Studiums und als ich anfing, meinen beruflichen Weg zu gehen. Und auch wenn ich von Psychoanalyse nichts verstehe, bin ich überzeugt, dass dieser Traum beweist: tief innen drin bin ich von einer großen Zuversicht und habe jenes Urvertrauen, das nur Eltern ihren Kindern mitgeben können.

Oft durchlebt jemand, der es nach oben geschafft hat, Absturzängste. Hat Höhenträume, die bedrängend sind: auf einem Wolkenkratzer am Fensterbrett zu stehen, auf einem schwankenden Steg über einem tiefen Tal mit reißendem Fluss, auf den Tragflächen eines Flugzeugs... Wie auch immer sie aussehen: sie machen dem Träumer bewusst, dass oben sein immer mit Gefahr verbunden ist, und das ist gut so. Denn nichts ist gerade in einem kreativen Beruf hinderlicher als satte Selbstzufriedenheit und absolute Selbstsicherheit. Zu wissen, wie gefährdet ich bin in meiner errungenen Position, das hat für mich nichts Beängstigendes. Es gibt mir Energie. Ich stelle mir mein Leben immer vor wie Gegen-den-Strom-Schwimmen. Die Vorstellung, Erfolg könne von Dauer sein, ist eine Illusion. Denn man hat ihn ja nur, solange man sich gegen den Strom behauptet. Sobald ich nachlasse, treibt es mich unweigerlich zurück. Wer dieses Bild ungemütlich findet ist und davon träumt, gemütlich getragen zu werden von einem braven warmen Fluss, kann ja durchaus glücklich sein, erfolgreich aber kaum. Und im kreativen Beruf ist das Anstrengende, dass ein Mensch nicht nur mit den Anstrengungen leben muss, sondern sie sogar lieben muss. Vermutlich gäben wir alle der Schwerkraft der Faulheit nach, gäbe es nicht die ewigen Herausforderungen. So wie wir alle träge dahindümpeln würden, wenn das Leben ewig währte. Das Gefühl, etwas erreicht zu haben, angekommen zu sein, hält bei mir immer nur ganz kurz. Dann bin ich wieder unterwegs durch das weite Feld der Zweifel.

Leider kann ich diese Zweifel nicht dosieren. Gerne hätte ich gerade so viele, dass sie der Stachel im Fleisch sind, der mich dran hindert, selbstzufrieden stehen zu bleiben. Doch bei mir sind es oft so viele, dass ich unerträglich werde für die Menschen um mich her. Die halten mein ewiges Verbessern für eine zwanghafte Marotte und würden mir am liebsten einen Psychiater zur Seite stellen in solchen Phasen. Oder ein Beruhigungsmittel verabreichen. Die Zweifel kommen bei mir eben so, wie es ihnen passt, nicht mir.

Bei einer Preisverleihung habe ich mir einmal stehend die Laudatio angehört. Und hinterdrein sagte mir eine Freundin, die dabei war: »Du hast dagestanden wie ein lebendes Fragezeichen. Das hat mir gefallen.« Wahrscheinlich bin ich ein lebendes Fragezeichen, ein Ausrufezeichen jedenfalls nicht. Und hinter jeden meiner Träume, an den ich mich im Wachzustand noch erinnere, setze ich auch ein Fragezeichen. Die zahllosen Traumlexika, warnen Fachleute regelmäßig, seien der reine und zudem ein gefährlicher Blödsinn, weil jedes Traumbild tausendundeine Bedeutung haben kann und es nie eine eindeutige Interpretation geben kann, die für alle Menschen gilt. Zu dieser Einsicht bräuchte ich gar keine Fachleute. Auch wenn jedes Jahr in der Saure-Gurken-Zeit Journalisten über Freud herfallen, bin ich überzeugt davon, dass jeder Traum etwas von mir erzählt, und trage ihn tagelang, oft wochenlang mit mir herum wie ein Rätsel. Was für jeden Kreativen am Träumen so anregend ist: Dort haben wir so extreme Fantasien, wie wir sie wach nie zu denken wagten. Auch schlimme Träume inspirieren, weil sie Tiefe haben. Weil sie vieldeutig sind. Alles, was definitiv ist und perfekt, ist für mich steril und tot. Alles, was offen ist, ist für mich das Leben. Und ich bemühe mich, Mode zu machen, die ebenfalls offen ist: jeder, der sie trägt, deutet sie neu. Mit seinem Körper und seinem Charakter.

Menschen, die sich der Mode unterwerfen, die fast hörig alles von einem Designer kaufen, töten sich selbst ab und sehen in allen Kleidern nur so aus wie die Kleider.

»Eine Dame trägt keine Kleider«, hat Yves Saint-

Laurent gesagt. »Sie erlaubt den Kleidern, von ihr getragen zu werden.«

Dieses Schicksal wünsche ich meinen Kleidern auch.

Wie sich mit Stress besser leben lässt

Er hat Geburtstag und wünscht sich von ihr etwas, was sie teilen können und was nicht herumsteht. Weil klassische Musik für ihn die Welt ist, in der er sich am besten erholt, schenkt sie ihm ein Paket mit kurzen Reisen zu musikalischen Ereignissen. Festivals in Barcelona, Macerata, Salzburg, Lockenhaus – und als Erstes zu einer ›La Traviata‹-Premiere unter Muti in der Mailänder Scala. Sie hat sich wie üblich mit aller Kraft reingehängt. Sie bezirzt italienische Bekannte, ihr die eigenen Premierekarten zu verkaufen – nur so schafft sie es, in die von den Mailändern bestürmte Aufführung zu kommen. Bis ins Detail hat sie alles geplant, abgesichert in jeder Hinsicht, durchkalkuliert in jeder Minute. Auch die Anreise – die Nacht vor dem Abflug übernachten sie in München, um Stress zu vermeiden. Doch dann entdeckt sie: Sie hat ihre gesamte Abendgarderobe in Nördlingen gelassen und muss in Mailand noch etwas kaufen. Sie finden ein Kleid und kehren zum planmäßigen Ablauf zurück: besichtigen den Dom, schauen vom Turm auf die Stadt runter, gehen zu Peck und Espressotrinken in der Galleria Vittorio Emmanuele, kehren plangemäß erfüllt ins Hotel zurück und legen sich kurz hin. Er ist ohnehin ein Minutenschläfer. Aber als sie aufwachen, ist es Viertel vor sieben. Um sieben beginnt die Vorstellung. Blitzdusche, Umziehen in Rekordzeit. Aber als sie ankommen, sind die

Heimweh, an die Wand gepinnt: An dem Bord, auf das Entwürfe fürs Styling gesteckt werden, findet sich bei mir immer etwas von Clara. Ein Talisman, an den ich glaube.

Der Schönheit auf den Leib rücken: Es ist wunderbar, an einem so perfekten Körper wie dem von Nadja Auermann (hier im Frühjahr 1996) die letzten Modellierungen vorzunehmen.

Die üblichen Kniebeugen: Turnschuhe, Leggins, Pulli und Maßband sind das typische Outfit jedes Modedesigners bei der Arbeit, denn die ähnelt stark dem Bodenturnen.

Unmöglich, aber unvermeidlich: Während der letzten heißen Phase vor der Schau laufe ich so herum, dass Uneingeweihte mich für etwas geistesverwirrt halten müssen – hier zum Beispiel habe ich wie oft eine Abbildung der Schuhe an meine Brust geheftet, um die es gerade bei der letzten Stylingfrage ging.

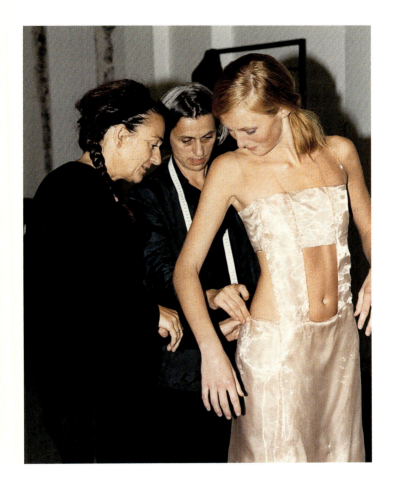

Ebenso gnadenlos wie grandios: Die amerikanische
Stylistin Brana Wolf, der ich einige besondere Schauerfolge
in Mailand verdanke – und einige durchgearbeitete Nächte.
Hier fummeln wir gemeinsam an Model Maggie Reiser
herum.

Oben: Besser noch mal nachsehen: Vor der Schau in Mailand kontrolliere ich sicherheitshalber noch mal persönlich, ob der Putztrupp so gearbeitet hat, wie ich als Putzfrau arbeite.
Unten: Anerkennung auf Italienisch: Ciro Paone, der aus ›Kiton‹ weltweit einen Begriff gemacht hat, tätschelt mir nach der Schau die Wange. Auch eine Art Verdienstorden.

Am liebsten gleich ins Bett: Nach der Schau bricht,
wie hier nach der zweiten Gabriele-Strehle-Vorführung
im Herbst 1998 in Mailand, bei aller Erleichterung die
Erschöpfung durch. Endlich müde sein dürfen.

Die härteste Arbeit für mich: Interviews geben. Nur mühsam habe ich mich an den Gedanken gewöhnt, dass es nicht reicht, durch die Mode zu sprechen. Sondern dass ich ab und zu auch selber etwas sagen muss.

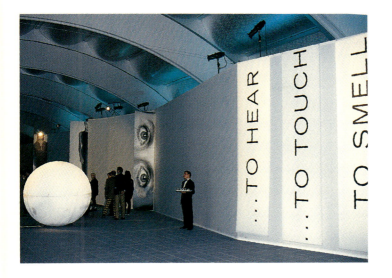

Erinnerung an mein Sabbatical: In der einzigen Saison, in der ich in Mailand eine Schau verweigert habe, waren wir nicht ganz oben, sondern ganz unten. Unsere Ausstellung zu den fünf Sinnen fand auf einer U-Bahnhof-Baustelle statt.

Spielraum der Fantasie: Unser Showroom im Mailänder Stadtteil Naviglia begeistert die Besucher durch seine lichte Weite. Ich erlebe ihn meistens nachts und eng vor lauter Models, Modellen, Mitarbeitern, Kleiderständern, Nähmaschinen und Schuhkartons direkt vor dem Auftritt.

Gefühl für das, was wir sind: Christian Liaigre hat mit dieser Holzwand, die durch alle drei Etagen des von ihm gestalteten Münchner Ladens in den Fünf Höfen läuft, ausgedrückt, wie er uns empfindet und meine Mode – haptisch, sinnlich, hautnah. »Menschen und Kleider, die Lust aufs Anfassen machen«, sagt er.

Bannmeile der Verwöhnten: Für einen genüsslichen Bummel auf der Via Manzoni, Mailands schönster Einkaufsstraße, einmal richtig Zeit zu haben – das ist leider fast nie drin. Tröstet mich also der Gedanke, dass unsere Kunden dort den Besuch im Strenesse-Flagshipstore genießen.

Hommage an Japans guten Geschmack: In unserem
Geschäft in Tokyo, Minamiaoyama-Minato-Ku, im Frühling
2002 eröffnet, hat Christian Liaigre sich auch von japani-
schen Ideen inspirieren lassen. Die Verneigung eines
großen Künstlers vor einer großen Kultur, was hier sehr
gut ankommt.

Mein Hauptarbeitsplatz: unser Betrieb in Nördlingen, der am Eichendorffplatz liegt. Eine Adresse, die mich täglich davon träumen lässt, einmal das von Eichendorff so hinreißend beschriebene »Leben eines Taugenichts« zu genießen.

Zweifelnder Blick in die ungewisse Zukunft: Ich erinnere
mich an meine Aufregung, als hier, im Londoner Hotel
Hempel, der erste Schritt getan wurde, meinen Traum
in Flaschen abzufüllen – den Traum vom eigenen Parfum.
Hier stehe ich mit dem Designer und Freund Peter
Schmidt, der Flasche und Verpackung entwarf, vor dem
Hotel.

Schon ganz mein Stil: Dieser dreiteilige Hosenanzug aus Flanell und dieser beige Mantel aus Wollkaschmir freuen mich sehr, weil sie beweisen, dass schon 1976/77 der Stil stand, mit dem wir uns durchsetzen konnten.

Gerade Linien und schräge Ideen: Die Fotografin Ellen von Unwerth kreierte diese Kampagne für uns, in der die Herbst-Winter-Kollektion 92/93 zeigte, für wen sie vor allem gedacht ist – für ›Women at work‹. Die Frau am Schreibtisch hier: Nadja Auermann, stark verfremdet, in einem schwarzen Hosenanzug.

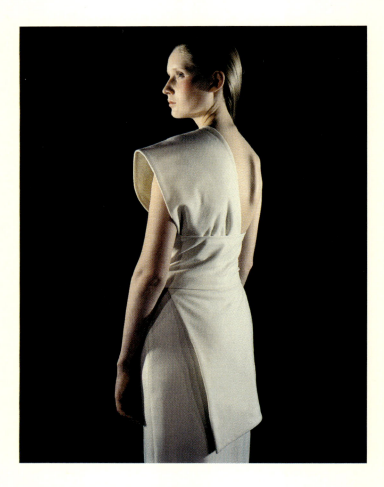

Verträumt und doch hellwach:
so stelle ich mir die Frau vor, die meine Mode so überzeugend trägt wie hier Julia Bykowa eines meiner Lieblingskleider aus der Kollektion 1998/99, fotografiert von Mario Sorrenti.

Da kitzelt es mich in den Fingern: Wenn alles nach
Berührung verlangt, bin ich mit einem Teil so zufrieden
wie mit diesem Kleid der Frühlings-Sommer-Kollektion 99,
getragen von Gisele Bündchen, fotografiert von Mario
Sorrenti. Es zeigt genau, was ich mit ›Hautigkeit‹ meine.

PRIVATLEBEN

Sinnbild meiner Kindheit: ein zärtlicher Vater, der mich auf dem Küchentisch liebkost, vor dem berüchtigten Büffet, diesem Tabernakel des alltäglichen Lebens.

Kraftvoll, energiegeladen und bis ins Detail qualitätsversessen: Meine Mama mit mir, hier in einem Kleid, das ich noch nicht selbst für sie genäht haben kann. Südländisch, warmherzig, bodenständig: Mein Vater, bayerischer Molkereimeister mit italienischem Aussehen, war das männliche Idol meiner Jugend – hier allerdings noch nicht bewusst. Im Hintergrund ist die Garage für die Molkereifahrzeuge zu sehen, die in meinen Träumen so oft auftauchte.

Kinderglück in Reinform: Die Jahre bis zur Schule waren für mich ungetrübt. Trotz artig gescheitelter Haare erlebte ich sie als die ganz große uneingeschränkte Freiheit.

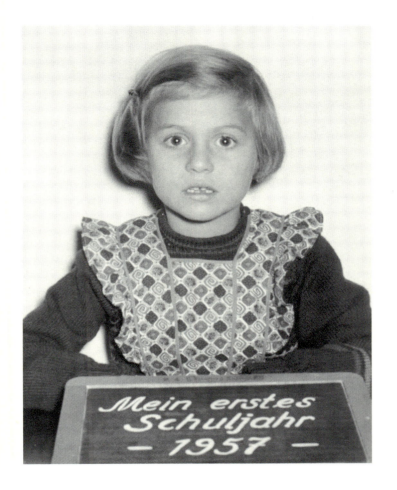

Kinderunglück in Reinform: Der Tag der Einschulung war für mich unübersehbar ein schwarzer. Und es sollte die nächsten Jahre nicht wesentlich heller werden.

Perfekt gesytlt in der Küche daheim: Nach dem Haarewaschen hat meine Mutter mir immer einen Handtuch-Turban um den nassen Kopf gewickelt. Und ich weiß, dass ich mir damit besonders gut gefallen habe.

Der zufriedene Vorbildschüler und das kichernde Sorgenkind: Mein Bruder Martin als strammer, rundum erfreulicher Schuljunge mit mir neben den Milchkannen. Offenbar ging es mir trotz vieler Krankheiten ausgezeichnet.

Stilleben meiner Kindheit und Jugend: Milchkannen und gestapelte Holzbretter, auf denen die Käselaibe gelagert wurden. Beim Anblick dieses Fotos habe ich den Duft von Heimat sofort in der Nase.

Mein Lebensziel mit fünf: Nonne werden wie meine Tante Schwester Humberta, die wir oft in ihrem Dominikanerinnenkloster in Bad Wörishofen besucht haben – mein Vater, meine Schwester Lisa (Mitte) und meine Brüder Alfons (links) und Martin (rechts).

Entspannungsübungen einer Arbeiterin: Beim
Kochen erhole ich mich besser als bei jedem Sport.
Zwiebelschneiden ist das Zen der Hausfrau.

Seine Wonne, meine Lust: Dass ich meinem Mann einen Steinway schenken konnte – einen gebrauchten, allerdings – gehört für mich zu den schönsten Seiten des Geldverdienens.

Die Kunst, die zu Händen geht: Ernst Gamperl entdeckt zu haben, gehört zu meinen ganz großen Freuden. Seine hauchfeinen seidigen Holzschalen sind Kunstwerke, die Sehsinn und Tatsinn beglücken. Sie sind aus unserer Wohnung gar nicht mehr wegzudenken.

Völlig unerwartet: Dass ausgerechnet ich das Bundesverdienstkreuz verliehen bekomme, hat mich derart verwundert, dass ich dem Präsidenten Roman Herzog wahrscheinlich ziemlich unbedarft vorkam.

Mein unerfüllbarer Wunsch: einmal eine Leinwand für Bob Rauschenberg zu sein. Hier bin ich immerhin in seinem Arm, umfächelt von Ferienluft auf Sanibel Island.

Endlich eine Sitzgelegenheit: Christian Liaigre, der Architekt, und mein Mann nach harter Arbeit auf dem weichen Sofa in unserem Tegernseer Haus.

Türen zum Saal bereits geschlossen. Sie beschwatzen den Türsteher, er lässt sie hinein. Der Weg bis in die vierte Reihe Mitte ist ein Spießrutenlauf. Und als die vorwurfsvollen Blicke sich endlich von den beiden ab- und der Bühne zuwenden, schwört sie sich, nie wieder an die fehlerfreie Umsetzung eines Plans zu glauben.

Pläne sind etwas Beruhigendes. Und Plänemachen ist ein Genuss. Aber sich auf Pläne zu verlassen, ist sträflich naiv. Denn damit ignoriere ich die Tatsache, dass alles, was lebt, nicht berechenbar ist. Gut: Pläne sind ein Versuch, die Improvisation zu ersetzen. Nur genau das können sie natürlich nie. Und ich bin sehr froh darüber.

Die meisten Pläne machen wir ja, um uns Stress zu ersparen. Zumindest den negativen Stress – den positiven der Aufregung, vor einer großen Reise, vor einem Rendezvous, vor einer Premiere, den wollen wir ja gar nicht missen. Mir persönlich ist am Stress das Unangenehmste, dass er drückt, dass er Druck auf mich ausübt und ich dann in Versuchung bin, den weiterzugeben. Wahrscheinlich geht es jedem so, denn es sieht immer so aus, als sei Stress eine ansteckende Krankheit, die sich in Windeseile verbreitet. Irgendwer hat mir mal einen schlauen Satz vom Wiener Kabarettisten Qualtinger aus einer Zeitschrift herausgerissen: »Stress sind Handschellen, die man ums Herz trägt.« Genauso fühlt er sich für mich an: so, als würde ich abgeführt. Als wäre ich gar nicht mehr Herrin meiner Entscheidungen.

Leben kann ich damit erst, seit ich mich an den Gedanken gewöhnt habe, dass Stress unvermeidbar ist. Ich betrachte es als Teil meines Daseins, dass er regelmäßig auftaucht. Jedes Mal vor den Schauen, jedes Mal vor der Kollektionsübergabe. Mit jeder neuen Kollektion kamen also zwei Stressphasen pro Jahr dazu. Jetzt habe ich alljährlich noch zwei Männerkollektionen zu bewältigen, und aus den sechs Phasen sind folglich acht geworden. Meine Mitarbeiter spüren das genauso wie ich wegen der besagten Ansteckung, gegen die es kein Mittel gibt. Und ich habe nun kapiert, dass ich mich mit dieser unvermeidbaren Stressinfluenza abfinden muss. Doch mein Heilpraktiker, der dauernd davon redet, wie wichtig die Stärkung des Immunsystems sei, brachte mich auf eine gute Idee. Ich stärke nun vor diesen absehbaren Attacken mein seelisches Immunsystem ganz gezielt. Dazu reichen mir vier Tage Blitzexkursion nach Capri oder auf eine andere, gerne noch kleinere Insel in Italien. Schon weil kleine Inseln für solche Instant-Erholung ideal geeignet sind. Jede ist für sich – und für mich – ein Mikrokosmos: eine Welt, die auf engstem Raum alles enthält, was es braucht (Capri bietet natürlich sehr viel mehr als es braucht, doch das lässt sich ausblenden). Eine kleine Insel verführt nicht zu ausschweifenden Exkursionen, sie ist ein Konzentrat und hilft mir bei der Konzentration. Nicht auf den Beruf, nur auf mich selber.

Ich stelle mir beim Wort Konzentration immer einen Stein vor, der in einen ruhigen See fällt und konzentrische Ringe um sich bildet. Eine sehr kindliche Vorstellung, aber mir hilft sie. »Wer heilt, hat recht«, sagt ein Arzt, mit dem ich befreundet bin, wenn die Diskussion über die richtigen, die einzig wahren oder modernsten Methoden der Medizin losbricht. Seither sage ich: »Was mir hilft, ist das Richtige.« Und niemand kann mir das ausreden. Mir tut manchmal genau das gut, was kritische Menschen ein Klischee schimpfen. Capri eben auch. Sonne im Meer, rot, Grotte und Himmel blau, Felsen bizarr, Zypressen hoch, Pinienduft würzig, Zikadenmusik beruhigend, Zitronenduft betörend.

So vieles, was ich nicht zu denken wagte, hat sich als einfach erwiesen.

Das Meditieren, zum Beispiel. Ich wollte das lernen, weil es gegen Stress hilft und das Immunsystem der Seele aufbaut.

Doch wenn ich Bücher sah, in denen ernsthafte Menschen, nicht irgendwelche selbst ernannten Esoteriker-Gurus, über Meditation und Meditationstechniken schrieben, erschien mir das Ganze ungeheuer kompliziert. Zu schwierig für eine wie mich, weil da so viel verlangt wurde, was ich nicht zu besitzen glaubte.

Dann hat mich jemand, der von Meditation viel versteht, sie lehrt und täglich praktiziert, gefragt, was ich denn mache, um mich zu entspannen. »Am liebsten gar nichts«, habe ich gesagt. »Zum Beispiel am offenen Fenster oder auf dem Balkon liegen in unserem Haus am Tegernsee. Und nur auf das Wasser und die Berge schauen.«

Und was mir dabei durch den Kopf gehe, wollte er wissen.

»Ich lasse nur die Gedanken kommen«, habe ich gesagt. »Kommen, wie sie kommen.«

Da hat er gelächelt. »Schauen Sie, genau das ist Meditation.«

Warum ich Scheuklappen trage

»Ich finde«, sagt sie zu ihrem Mann, »dass Scheuklappen etwas ganz Vernünftiges sind.« Und schiebt den Stapel Berichte weg, der über sie geschrieben wurde. Ein Freund, der Psychotherapeut ist, hat sie darin bestätigt. Gesund bleibt, wer ausblenden kann. Also schaut sie nur selten in Zeitungen rein. Jetzt erst recht nicht, wo sie in Mailand zum zweiten Mal die Kollektion gezeigt hat, die ihren Namen trägt, und auf einmal beachtet wird als eine, die vorne mitspielt. Jahre hat sie ihren Mann, die ganze Firma hingehalten, die auf eine so benannte Gabriele-Strehle-Kollektion drängten – »Ich bin noch nicht so weit. Wenn ich was signiere, muss es auch fertig sein.« Nun erst reagiert die Presse. Suzy Menkes, die gefürchtete Modekritikerin der »Harold Tribune«, hat die Kollektion gelobt als schlicht und luxuriös, minimalistisch und detailverliebt zugleich und ein Top von ihr zum unverzichtbaren Teil der Saison ernannt. Und da liegt plötzlich die »FAZ« auf ihrem Schreibtisch mit einem großen Foto von ihr, klein und scheu, zwischen hochgewachsenen applaudierenden Models. »Laute Töne tun weh«, steht groß darunter – das ist ein Satz von ihr. Und unter dieser Titelzeile: »Jil Sander und Gabriele Strehle: zwei deutsche Modemacherinnen auf den Mailänder Schauen«.

»Das ist gut«, sagt ihr Mann. »Lies das mal.«

Sie schüttelt den Kopf. Er liest trotzdem vor: »Dass die beiden deutschen Designerinnen verglichen werden, überrascht nicht: beide zeigen einfache Schnitte, lieben nicht die lauten Töne, setzen nicht auf jedes Zeitgeist-Zeugs und arbeiten mit geradezu beängstigender

Beharrlichkeit an ihren Ideen. Und doch führt der Vergleich nicht weit.«

»Genau«, sagt sie und knallt die Tür zu.

Die Verlockung war groß, und ich konnte ihn ja verstehen: Gerd Strehle bekam die Chance, plötzlich mit einem bereits berühmten Designernamen imponieren zu können. Ein Freund aus der Branche hatte ihm geraten, mit *der* Frau ins Geschäft zu kommen, über die sogar die Franzosen bereits begeistert schrieben: diese Jil Sander liefere den Beweis, dass auch in Deutschland große Mode gemacht werden könne. Organisatorisch gab es wohl ein paar Engpässe und Gerd Strehle besaß damals, Mitte der Siebziger, schon den Ruf, ausgezeichnet planen und kalkulieren zu können. »Wie wär's, wenn du für sie produzierst«, hatte der Freund vorgeschlagen, »und sie dich dafür bei den Kollektionen für Strenesse berät.«

Als Gerd Strehle damals zu mir kam – ich war erst drei Jahre dabei –, habe ich so reagiert, wie es wohl wenige von mir erwartet hätten: »Wenn Sie das für richtig halten, bitte. Aber dann bin ich weg.«

Gerd Strehle war einigermaßen verdattert. »Soll das heißen, dass Sie mich vor die Alternative stellen – entweder Jil Sander oder Sie?«

»Ja.«

Es war das erste Mal, dass ich mich gegen Jil behaupten musste und behauptet habe, obwohl ich noch ein Nobody war und sie bereits ein Begriff. Und je bekannter ich wurde, desto weniger ließ sich der Vergleich vermeiden. »Ehrenvoll«, sagten selbst Freunde. »Das ist doch großartig, wenn du mit Jil Sander verglichen wirst.«

Aber es hat mir nie gepasst, weil ich sie nie als ähnlich empfunden habe und sie mich sicherlich auch nicht so empfindet. Nein, ich habe nichts gegen das Vergleichen, schließlich fängt jedes kritische Denken damit an. Nur von diesem Schielen nach der Konkurrenz halte ich gar nichts – und ich vermute, Jil Sander ebenso wenig. Denn das beeinträchtigt die Entscheidungsfreiheit. Ich weiß, dass heute jeder Marketingfachmann behauptet, man müsse genau beobachten, was die anderen treiben. Kann sein, dass das zutrifft fürs Vertreiben und Verkaufen, aber für den kreativen Teil stimmt es aus meiner Sicht nicht. Denn wenn ich sehe, was die so genannte Konkurrenz macht, und dann bewusst das Gegenteil tue, dann bin ich trotzdem ein Nachahmer – ich imitiere eben das Gegenteil. Sobald ich Zeit und Energie darauf verwende, genau zu kontrollieren, was die anderen Designer entwickeln, wohin sie gehen, verliere ich die Selbstverständlichkeit, die eine Kollektion braucht, um zu überzeugen. Ich bin sicher, dass es in anderen Bereichen ähnlich funktioniert: ein Schriftsteller, der angesichts des Erfolgs von »Harry Potter« beschließt, einfach eine analoge Geschichte mit einem Mädchen in der Hauptrolle zu schreiben, kann nur schlechte Qualität liefern. Und Imitationen haben für mich immer etwas Kraftloses. Ich spüre ihnen an, dass es hier nicht um etwas Geborenes geht, sondern um etwas Geborgtes. Natürlich verbuchen auf der ganzen Welt die Kopisten in der Mode Umsatzrekorde, doch das darf uns Designer nicht irritieren. Die Kraft des Originals besitzt eine Suggestion, der sich viele Menschen eben doch nicht entziehen können.

Natürlich fragen wache Beobachter der Modeszene,

wie es dann kommt, dass oft verschiedene Designer gleichzeitig Entwürfe präsentieren, die sehr verwandt sind miteinander sind.

Betriebsspionage?

Nein, nicht unbedingt.

Es gibt ein faszinierendes Phänomen in der Mode, das in allen Bereichen der Kunst und der Wissenschaft eigentlich viel deutlicher zu sehen ist, nur wird es dort weniger diskutiert: die Gleichzeitigkeit von Ideen. Unabhängig voneinander haben verschiedene Menschen auf dem Planeten, oft an weit voneinander entfernten Orten, einen verwandten Einfall, so, als gäbe es Schwingungen, als läge etwas in der Luft. Es gibt sogar Erfindungen, die zur selben Zeit gemacht wurden, ohne dass ein Forscher überhaupt nur von der Existenz des anderen wusste.

Aber all das geschieht und entsteht eben in Unschuld, in Unwissenheit, in dieser Unberührtheit, die Kreativität braucht, um zu gedeihen. In diesem Freiraum, den Modemacher genauso nötig haben wie Schriftsteller. Und dieses Verglichenwerden engt den Freiraum ein, den selbst die Blüte braucht, um sich zu entfalten.

Wie viele junge Männer entmutigt es, wenn es heißt: »Also in deinem Alter hat dein Vater schon...«. Wie viele Stars haben, weil es ihr Agent befahl oder weil sie sich selbst geschmeichelt fühlten, hingenommen, dass überall geschrieben wurde: »Die neue Romy Schneider« oder »der neue Gary Cooper«. Wenn ich nur an Claudia Schiffer denke, bejubelt als »die neue Brigitte Bardot«, wird mir der Schwachsinn solcher Vergleiche bewusst: Schon allein weil BB provozierte in einer Zeit, in der animalischer Sex-Appeal noch provozieren konnte, kann Claudia nicht vergleichbar sein.

Ich gebe ja zu: Vergleichen kann den Blick schärfen. Es kann ihn aber auch trüben und zu einer Unfreiheit des Urteils führen.

Ich habe einmal gelesen, dass Michael Douglas ewig darunter litt, immer nur gefragt zu werden: »Sind Sie der Sohn von Kirk Douglas?« Und wenn er dann Ja sagte, wurde er prompt nur zu einem befragt: zu seinem Vater. Irgendwann fragte jemand: »Ist dieser alte Kirk Douglas eigentlich mit Ihnen verwandt?« Da ging es ihm gut.

Mit Jil Sander und mir ist es anders, schließlich sind wir nicht verwandt und letztlich eine Generation. Aber ich habe auch einmal einen Reporter, der diese maßlos originelle Frage stellte, wie ich mich im Vergleich zu Jil Sander sehe, schlicht zurückgefragt: »Fragen Sie das denn die Frau Sander auch?« Stellt mir jemand die Frage: »Was halten sie von Jil?«, dann fällt es mir leicht zu sagen, dass sie großartig ist und bewundernswert in ihrer stilistischen Konsequenz. Nur vergleichen will ich mich nicht mit ihr, und schon gar nicht will ich mit ihr zwangsweise verglichen werden. Ich trage die Scheuklappen schließlich nicht nur, um mich vor Unliebsamem zu schützen und nicht alles Negative – ob es sich um kleine persönliche Ärgernisse oder um das große Leid der Welt handelt – an mich heranzulassen. Es reicht, dass ich mir der entsetzlichen Grausamkeit und Ungerechtigkeit unter Menschen bewusst bin und dort, wo ich irgendwie Not lindern kann, mit meinen bescheidenen Möglichkeiten etwas tue. Nur mir drastisch vorzustellen, wie Bomben Menschen zerfetzen oder Väter ihre

Kinder missbrauchen, dass will ich nicht, weil es mich völlig lähmte.

Was meine beruflichen Scheuklappen angeht, wird durch sie nur im Grunde ziemlich Lächerliches ausgeblendet: Neid, Missgunst und Klatsch. Doch auch das schont mich. Die Klappen haben zudem den großen Vorteil, dass ich gar nicht nach rechts und links schielen kann.

Und was das Vergleichen angeht: Ich lasse auch im Privatleben die Finger davon. Warum? Ich habe noch nie erlebt, dass eine Frau, der gesagt wurde: »Du bist genau wie deine Mutter«, sich darüber gefreut hätte.

Wie Missgunst einen bestätigen kann

Sabina kommt von ihrer Tour zu den Stoffwebern aus Italien zurück. Sabina ist eine ihrer engsten Mitarbeiterinnen. Und Sabina ist zu nah an ihr dran, um irgendetwas verbergen zu können: Gabriele riecht es, wenn mit Sabina was nicht stimmt. Diesmal wirkt Sabina, als habe sie Hemmungen, etwas Unangenehmes loszuwerden. Was los war? »Wir haben gehört, dass der Signore Duweißtschon getobt hat, als man ihm zugetragen hat, dass wir an einer Männerlinie arbeiten. Angeblich hat er gesagt, alles, was wir da machen, sei Mist. Er hat offenbar überall herumerzählt, jetzt seien wir dem Größenwahn verfallen.«

Sabina erwartet Tränen.

Da sieht sie erstaunt, dass Gabriele strahlt. »Also ob das jetzt der mächtig wichtige Signore gesagt hat oder ob das Leute erfunden haben, die das selber gern aussprechen würden: Es freut mich«, sagt sie. »Jetzt wissen wir, dass die uns als gleichwertigen Partner betrachten.«

Missgunst ist menschlich – und trotzdem kann Missgunst unmenschlich sein, denn sie ist wie eine Säure. Die hat nur dann keine Chance, anzugreifen und zu zersetzen, wenn jemand vom Schutzmantel eines gewissen, meistens langsam gewachsenen Selbstbewusstseins umgeben ist. Viele Menschen sind das nicht, und Kinder sind es schon gar nicht. Das Dumme ist nur, dass selbst die zugehörigen Eltern das zu spät kapieren. Wir jedenfalls.

Unser Kind, selbstverständlich das klügste aller lebenden Kinder, hatte dramatisch nachgelassen in seinen Leistungen. Englisch Fünf, Biologie Fünf, Mathe Sechs, – es häufte sich. Für so etwas gibt es immer Gründe, und bei unserer Tochter wurde dafür »mangelnde Konzentrationsfähigkeit« angeführt. Und leider war uns klar, dass das stimmte. Schlimmer noch: dass wir daran mit Schuld tragen, weil wir uns zu wenig kümmern um unser Kind, auch wenn wir jede freie Minute mit ihm verbringen. Aber da geht es uns darum, dass Clara lacht, nicht, dass sie lernt.

»Wir müssen was tun«, hieß mein ungeheuer konstruktiver Beitrag.

»Ja«, sagte der Erzieher meiner Tochter. »Ich weiß.«

Mein Mann hatte es bereits verärgert, sogar enttäuscht wahrgenommen, dass sie die Lust am Klavierspielen verloren hatte. Denn kaum etwas trainiert die Konzentrationsfähigkeit besser, als auswendig zu spielen. Ich bin wie jeder Laie mit dem Wissen ausgestattet, dass es wichtig sei, beide Hände und damit beide Gehirnhälften zu beschäftigen, und deswegen bin ich dahinter her, dass Clara übt. Es war gar nicht so mühsam, sie wieder in Schwung zu versetzen und sie wieder dafür zu begeistern, irgendwann mal so musizieren zu können wie die vielen berühmten Pianisten und Pianistinnen in der väterlichen CD-Sammlung.

Mit der Schule wurde es trotzdem nicht besser. Das ist einer der Fälle, wo ich immer meinen Mann vorschicke – ich reagiere da viel zu emotional, und er bleibt ganz ruhig. Vermutlich wäre der Lehrer-Eltern-Zoff aus der Welt, wenn alle Elternteile mit seiner Einstellung zu den Gipfeltreffen hingingen: »Sie wird schon für Probleme gesorgt haben, unsere Tochter. Gut, dass wir's erfahren.«

»Wenn Clara aufgerufen wird, ist sie ganz zerstreut«, bekam er zu hören. »Völlig verunsichert. Als wäre sie in Gedanken ganz woanders. Oder als fiele ihr plötzlich das, was sie weiß, nicht mehr ein.«

Wir probierten, trainierten. Und rätselten abends zu zweit: Was war los mit unserem Kind?

Und dann kam der Tag, an dem Clara ihr Schweigen brach. Aus der Schule zurück, huschte sie zu mir in die Küche und heulte sich aus.

»Ich hab das Gefühl, alle sind gegen mich. Weil keiner mit mir geht. Und wenn ich aufgerufen werde, hab' ich Angst, dass alle nur drauf warten, dass ich was falsch mache. Mir kommt es vor, als hätten die sich verschworen gegen mich.«

Das tat weh wie lange nichts mehr: Der Gedanke, dass mein Kind zu leiden hat, weil es Strehle heißt und in einer kleinen Provinzstadt eben auffällt. Obwohl einige andere Kinder in größeren Häusern wohnen und sehr viel üppiger beschenkt werden.

Nächster Besuch bei den Lehrern. »Stimmt das, was Clara erzählt hat?« Betroffene Gesichter. Es könne durchaus sein, dass Clara das so empfinde. Vielleicht zu Recht, weil sie eben das Image habe, etwas Besonderes zu sein oder sein zu wollen. Jeder der Lehrer bedauerte das aufrichtig, jeder sagte auch unmissverständlich: »Unternehmen können wir dagegen nichts. Im Gegenteil, wenn einer von uns von oben her eingreift, macht das alles nur noch schlimmer.«

Sie hatten Recht. Und ich konnte nicht einmal irgendwelche unguten Gefühle gegen Claras Klassenkameraden entwickeln, denn Kinder sind sich nicht bewusst, warum sie so reagieren, wie sie reagieren.

Diesmal heulte ich in der Küche. Der Erfolg schmeckte schlagartig bitter. Alles, worum wir uns bemüht hatten, war vergebens: dem Kind von Anfang an die Prinzessinnennummer abzugewöhnen, ihm beizubringen, sich an kleinen Geschenken zu freuen und dass sich aus angemackten Tomaten ein Sugo machen lässt, aus Knochen ein gute Brühe und aus Gemüseresten eine Suppe.

War ich sentimental, weil ich mich gefreut hatte, wenn mein Kind mit Feuereifer ein Staniolpapier mit dem Fingernagel glatt strich und in einer selbst gebastelten Collage verwendete? War ich zu sehr verliebt in meine Tochter, dass ich ihr erlaubt hatte, sich bei der Firmung statt des weißen Kleids einen schwarzen Hosenanzug mit weißer Bluse auszusuchen? War ich verblendet, weil ich glücklich sah, dass sie am Wochenende nur Hausfrau und Mutter spielen wollte, rühren, kochen, backen, und wenn ich weg war mit ihren elf Jahren schon den Vater versorgte? Ich zweifelte an mir, an unserer Erziehung, unserer Kritikfähigkeit. Aber ich fing auch an zu hadern mit unserem Entschluss, in dieser Kleinstadt zu bleiben; wir lieben sie, weil sie uns Ruhe gibt, aber sie beschert uns auch Probleme. Beschworen hatten sie uns, die lokalen Politiker genauso wie die bayerischen Spitzenleute, doch dazubleiben und Arbeitsplätze in der Provinz zu erhalten. Wie viel bequemer wäre für uns der Standort München, wie viel einfacher, gute Designer ins Team zu holen, die beim Gedanken an die Nördlinger Idylle eine Gänsehaut kriegen. Wir hatten uns überreden lassen – und mussten nun dafür büßen, denn in einer Großstadt wäre unser Kind nichts Besonderes, da fiele es nicht auf.

Fieberhaft machte ich mich auf die Suche nach einem Internat, nah bei Nördlingen oder nah am Tegernsee gelegen. Ich fuhr herum, schaute mir Zimmer an und Häuser und Lehrer. Doch mich quälte ständig der Gedanke daran, wie sich Clara wohl fühlen würde. Da gibt es ein Problem in der Schule und dann schieben sie dich ab, damit sie ihre Ruhe haben.

Nach drei Wochen gab ich die Suche auf. Clara hatte entschieden: »Das hier ist meine Schule. Und das hier ist meine Klasse.« Nach noch mal drei Wochen hatte sie auch ihre Heiterkeit wiedergewonnen. »Ich hab ja eine Busenfreundin und das reicht.«

Vielleicht spürt sie, dass die Ablehnung nicht ihr gilt, sondern dem, was sie hier darstellt, ohne es zu wollen. Und dass Anderssein manchen Angst macht oder sie zumindest auf Distanz hält. Kann auch sein, dass Clara, feinfühlig wie sie ist, gemerkt hat, inwiefern sie selbst an diesem Spiel beteiligt ist und eben doch – wir sind ja nicht dabei – etwas von einer Prinzessin hat.

Überstanden ist das Ganze noch lange nicht, ich weiß. Doch mittlerweile denke ich, dass diese schmerzliche Erfahrung, einmal zum Außenseiter gestempelt zu werden, jeder durchmachen muss, der anders ist. Überbegabten Kindern geht es da auch nicht besser. Und an mir selber sehe ich, dass irgendwann der Punkt kommt, wo die Missgunst nicht mehr verletzt. Nur noch bestätigt. Es kann sehr lange dauern, wie bei mir. Doch die Kinder heute sind ja in allem schneller, vielleicht auch darin. Und ich weiß, wenn Clara diesen Engpass durchlaufen hat, dann ist sie erwachsen.

Was Märchen helfen

»Du bist zur Zeit unausstehlich«, sagt er so liebevoll wie möglich. »Ich weiß«, sagt sie. »Ich habe wieder meine Phase.« Und ruft einen Psychologen an, mit dem sie seit Jahren befreundet ist. Er gibt ihr die Nummer eines Astrologen, Sohn des großen Psychoanalytikers Fritz Riemann, der auch durch astrologische Studien zu Ruhm gekommen war. Das Telefonat mit dem Sterndeuter ist kurz und intensiv. Ein paar Wochen später kommt per Post ein Band, das er für sie besprochen hat. Am Wochenende geht sie in Klausur und hört erstaunt, was dieser Klaus Riemann ihr zu sagen hat: Er erzählt ihr ein Märchen. Sie hört es dreimal an.

»Was ist los? Du bist ja wie umgedreht«, sagt ihr Mann.

»Ich weiß jetzt«, sagt sie, »dass ich meine roten Schuhe nicht ausziehen darf.«

Ich bin kein Langstreckenläufer, was Bücher angeht. Lieber sind mir kurze Geschichten, in denen ich konzentriert etwas erfahre. Deswegen ist auch das Tao-Te-King von Lao-Tse für mich gut geeignet als Bibel: einundachtzig Weisheiten und keine länger als eine Seite. Besonders wichtig ist für mich die Nummer 76.

»Der Mensch ist weich und zart,
wenn er geboren wird;
wenn er gestorben ist,
ist er steif und starr.

Gräser und Blumen sind biegsam und zart,
wenn sie das Licht der Welt erblicken;
wenn sie tot sind,
sind sie dürr und trocken.
Darum ist das Harte und Starre
dem Tod nahe,
das Zarte und Nachgiebige
ist dem Leben nahe.

Darum wird eine starke Armee keine Schlacht gewinnen;
Ein starker Baum wird gefällt werden.
Das Harte und Starke wird unterliegen;
Das Weiche und Zarte wird siegen.«

Das klingt sehr einleuchtend und sehr einfach. Die Umsetzung aber ist sehr schwierig, erst recht für einen Menschen, der wie ich dauernd am Kämpfen ist. Die Gefahr, starr und stur zu werden, ist groß, und die Bereitschaft, das dann als Konsequenz auszugeben, ist noch größer.

Natürlich rede ich mir ein, jeder aus meinem Team sei unverstellt und habe den Mut, mir unverblümt und ungeniert die Meinung zu sagen. Natürlich glaube ich, dass Heuchelei, dieses Gleitmittel, mit dem in so vielen Betrieben das Laufwerk geschmiert wird, bei uns keine Anwendung findet. Trotzdem liegt es allzu nahe, dass ich das Weiche, Zarte verliere, schon aus der Angst heraus, verletzbar zu sein.

Ich werde immer dann stur, manchmal auf eine grobe Art, wenn ich mir einbilde, ich würde ausgenutzt und nur gemolken wie eine Milchkuh. Ich werde manchmal leider selbst verletzend, wenn ich meine, jemand wolle mich niederbügeln. Und ich kann zu einem Rumpelstilzchen mutieren, wenn ich das Gefühl habe, der andere amüsiere sich auf meine Kosten. Mein Mann, zum Beispiel.

Das hat ihm Szenen beschert, die filmreif sind.

Zum Beispiel die auf dem Golfplatz in Sardinien. Ich kann Golf nicht ausstehen, weil ich diesem kleinen gemeinen Ball nicht das Recht zugestehe, sich derart wichtig zu machen und mich zu ärgern. Jeder Golfer rümpft natürlich die Nase über eine derart unreife und des meditativen, abgeklärten, nur gegen sich selbst kämpfenden Golfers unwürdige Äußerung. Das ist mir egal (Sturheit, die Erste).

Ab und zu aber komme ich nicht drum herum, meinem Mann den Wunsch zu erfüllen, denn er erfüllt mir ja auch welche.

Da schlug er nun wunderbare lange Bälle, einen nach

dem anderen, jauchzte vor Vergnügen über dieses Glücksgefühl – aber die wunderbaren langen Bälle landeten alle im Gebüsch, ich hatte sie zu suchen und zerkratzte mich dabei ständig. Da packte mich die Wut, und ich schlug von diesem Moment immer vor ihm ab – obwohl es im Golf eine Regel ist, dass stets der hinten liegende Ball zuerst gespielt werden muss, um Golfinvaliden zu vermeiden. Wahrscheinlich war es diese Regel, die mich schon länger ergrimmte und mich nun explodieren ließ. Jedenfalls brachte ich erfolgreich das ganze Spiel durcheinander und meinen Mann um die gute Laune.

So etwas passiert mir immer wieder und das Gute daran ist, dass ich merke: Es tut mir schlecht. Weil es hart ist, und alles Harte tut weh.

Gegen die Verhärtung hilft für mein Gefühl nur eines: sich regelmäßig selbst zu korrigieren. Dass es dafür Zeit wird, sagt mir entweder meine innere Stimme oder mein Mann. Manchmal auch Clara, meine Tochter.

Vor zwei Jahren war ich dabei, mir eine Rüstung überzuziehen, weil ich meinte: Diese Leute wollen dich überreden zu etwas, was du nicht willst und was du nicht bist. Diese Leute waren lauter wohlwollende, kompetente und zuvorkommende Menschen des Konzerns, der meinen ersten Duft lancieren sollte. Sie hatten Studien machen lassen und Umfragen, waren gewappnet mit Marktanalysen und Kenntnissen über das Profil der Strenesse-Kunden und legten nun ihre daraus resultierenden Richtungsvorgaben für den Duft auf den Tisch. Professionell bis ins Detail, aber mir war nicht wohl dabei. Mich beschlich die Angst, das über all diesen Belegen und Beweisen das Gefühl und der Instinkt für das Richtige verloren ginge. Andererseits war mir klar, das ich mich nicht quer stellen durfte – wir wollten das Ding schließlich in Gang bringen. Und plötzlich wusste ich nicht mehr: auf wie viel durfte, auf wie viel musste ich bestehen? Wo war die Grenze zwischen Sichbehaupten und Sichverbeißen?

Mein Mann ist der geborene Vermittler, er kennt dieses Problem nicht.

Es gibt Menschen, für die ist Kommunikation so selbstverständlich wie atmen – zu denen gehört er. Und es gibt welche, die dauernd befürchten, sie könnten nicht wirklich in Worten mitteilen, was in ihnen vorgeht – zu denen gehöre ich. Was ich sage, sage ich am liebsten durch das, was ich mache, da habe ich weniger Sorge, missverstanden zu werden.

Ich stand also wieder bis zum Hals in einer Krise und vermochte nicht mal, das zu formulieren. Und da hatte nun ein Astrologe, der mich nie gesehen hatte, das Märchen vom Mädchen mit den roten Schuhen auf Band gesprochen, auf das er in dem Buch »Die Wolfsfrau« von Clarissa Pinkola Estés gestoßen war. Und dieses Märchen erhellte mir schlagartig mich selbst: Das Mädchen mit den roten Schuhen war ich und bin ich – auch wenn ich nicht als Waisenkind aufwuchs.

Die Geschichte ist symbolisch, wie Märchen immer sind, und brutal, wie es die meisten sind.

Es geht um ein bettelarmes Waisenmädchen. Das ist so arm, dass es nicht mal Schuhe besitzt, sammelt sich rote Fetzen zusammen und näht sich daraus rote Schuhe. Und es liebt diese selbst gemachten Schuhe. Dann kommt das Glück über das Mädchen und damit auch das Unglück: Eine reiche Frau nimmt es an wie ein eigenes Kind, wäscht es, kämmt es und kleidet es komplett neu ein. Die roten Lumpenschuhe werden zusammen mit den anderen Bettlerklamotten verbrannt, und das Mädchen trauert – ihm fehlt etwas, was ihm Kraft geschenkt hat, was zu ihm gehört hat, was ganz und gar seins war. Dann wird es konfirmiert und soll beim Schuhmacher neue Schuhe angepasst bekommen. Im Regal dort stehen ein paar fertige – in feinstem Leder und in Feuerrot. Günstigerweise ist die reiche alte Adoptivmutter farbenblind und der Schuster ein verständnisvoller Mann: Er packt dem Mädchen die Schuhe ein, ohne Kommentar. In der Kirche starrt natürlich die ganze Gemeinde nur auf die roten Schuhe, die Sache fliegt auf, die Alte zetert und verbietet dem Mädchen, die roten Schuhe jemals wieder zu tragen. Vergebens. Beim nächsten Kirchgang zieht sie wieder nicht die schwarzen, sondern die roten an. Diesmal steht an der Kirche ein versehrter Soldat, auf dessen Stichwort, was für hübsche Tanzschuhe das seien, das Mädchen zu tanzen anfängt und willenlos so lange weitertanzt, bis der Kutscher ihrer Adoptivmutter sie einfängt und nach Hause schafft. Dort werden ihr die roten Schuhe entzogen – auf einen unerreichbar hohen Schrank gestellt –, und das Mädchen hat schwere Entzugserscheinungen. Als die verständnislose Alte weg ist, klettert sie auf eine Leiter, greift sich die Schuhe, zieht sie an – und dann nimmt eine unheilvolle Geschichte voller Grausamkeiten ihren Lauf. Sie endet damit, dass das Mädchen Sklavin ihrer Schuhe wird, die sie hierhin und dorthin tragen, haltlos und hemmungslos, die rastlos tanzen, tanzen und weitertanzen. Als es am Scharfrichter vorbeiwirbelt, bittet sie den, ihr mit dem Henkersbeil die Schuhriemen zu durchtrennen, um die Schuhe loszuwerden. Und nachdem das nichts bringt, fleht sie ihn an, ihr doch bitte die Füße samt Schuhen abzuschlagen. Der hilfsbereite Mann tut, was sie wünscht. »Da tanzten«, heißt es, »die Schuhe mitsamt den Füßen allein weiter durch den Wald und über Berg und Tal davon. Das Mädchen war nun heimatlos und hatte keine Füße mehr. Es musste sich fortan ein Armenbrot als Dienstmagd verdienen, aber es sehnte sich niemals mehr nach roten Schuhen.«

Ein Märchen voller Archetypen, wie mich der Astrologe aufklärte, ein Märchen voller komplexer Bilder. Doch was für mich das Wesentliche war, ist kurz gesagt: Die Schuhe stehen für die ureigene, ursprüngliche wilde Lebensfreude, für den weiblichen Urinstinkt, der einer Frau sagt, was ihr gut tut. Und es scheint nur so, als trieben sie das Mädchen ins Verderben. In Wahrheit ist es der Mangel an Lebensfreude, denn mit den ersten roten Schuhen wurde ihr die genommen. Sie war ausgehungert danach, süchtig, das wieder zu bekommen, was sie glücklich gemacht hat.

Eine Zeit lang, heißt das, kommen wir ohne diese Urkraft aus. Bei Clarissa Estés heißt es dann: »Wenn du die wilde Frau in dir heraufbeschwören willst, musst du dich weigern, in Gefangenschaft zu leben. Aber wenn deine Instinkte geschärft sind, dann tu, was du willst, heule (wie eine Wölfin) so laut, du willst, tanze, wohin du willst, in deinen handgemachten roten Schuhen. Du bist ein energiegeladenes Wunderwerk der Natur.«

Das mit dem Wunderwerk der Natur konnte ich zwar

nach einem Blick in den Spiegel, der mir mein müdes Gesicht zeigte, nicht unterschreiben. Alles andere aber, was der Astrologe für mich daraus an Schlussfolgerungen zog, unbedingt: Zu viele Regeln, zu viele Prinzipien, zu viele Vorschriften und Vorgaben zerstören meine innovative Kraft und meine Instinktsicherheit. »Lassen Sie nicht zu, dass jemand Ihnen die roten Schuhe wegnimmt«, sagte er.

Ich gebe zu, dass ich diesen Rat manchmal auf recht banale Weise umsetze und nicht gerade zur Begeisterung meiner nächsten Mitmenschen. Dieses Jahr, zum Beispiel, als aus meinen roten Schuhen ein schwarzer 2CV wurde. So einen habe ich gefahren, als ich als junge Designerin in Nördlingen das erste eigene Auto genoss. Aber dann hat mir mein Mann dieses, wie er sagte, »gefährlich unsicre Ding« verboten. Ich sei zu wichtig, als dass ich diesen Wagen fahren dürfte. Ein Freund im Betrieb hat mir nun geholfen, aus Tschechien einen alten 2CV zu besorgen und herrichten zu lassen.

Und es rührt mich, wenn ich in ihn einsteige, weil ich wieder dieses Glück von damals empfinde. Es ist jedes Mal wie eine Zeitreise in die Vergangenheit, die mich erfrischt und innerlich verjüngt. Und dann vergesse ich die Besorgtheit meines Mannes völlig.

Leider ist es öfter so, dass dieses Beharren auf den roten Schuhen andere verprellt oder zumindest verwirrt. Deswegen habe ich den Vorsatz natürlich auch nie vor versammelter Gesellschaft verkündet. Doch ich habe mir auf der großen Parfumkonferenz beim Reden die Augen zugehalten, was eigenartig ausschaut, aber hilft – dann sehe ich nämlich meine Vision besser. Und habe alles, was mir bei diesem Produkt, meinem ersten Duft, besonders wichtig schien, von der Seele geredet. Als ich damit fertig war, fing ich an zu heulen. Nicht wie eine Wölfin, muss ich gestehen, nur wie eine ganz normale Frau. Ein paar Anwesenden war das vermutlich peinlich. Mir nicht.

Warum gute Köche ein Erfolgsrezept haben

Es gefiel ihr, der stilbewussten Hobbyköchin, nicht nur gut in dem alten Landgasthof aus dem 17. Jahrhundert, es schmeckte ihr auch. Mehr noch: Sie schwärmte. Für die leichte Fischvorspeise, gekonnt mariniert, für den Schweinsbraten mit seiner unübertrefflichen Kruste und die schaumigen Kartoffelknödel. »Wie heißt der Koch?«, fragt sie.

»Jonas, Thomas Jonas«, sagen die Freunde.

»Und hat der einen Stern im Michelin?«

»Nein, hat er nicht.«

Sie atmet tief durch. Und erklärt, sie würde den Koch gern mal sprechen.

Wo er gelernt habe, will sie wissen. Dachte sie's doch: Dort, wo so viele große Meisterköche herkamen – im ›Tantris‹ – noch unter Heinz Winkler.

»Haben Sie eigentlich gar keinen Ehrgeiz, sich einen oder zwei Sterne zu erkochen?«, fragt sie.

Jonas verneint. »Ich will für Gäste kochen, die einfach Spaß am Essen haben und selber dabei Spaß am Kochen haben.«

»Aber dem stehen doch ein, zwei Sterne nicht im Weg.«

»Doch, denn wer einen hat, will den zweiten, und je weiter man hochkommt, desto schlimmer wird der Stress. Und wenn einer dann ganz oben ist, weiß er: Jetzt kann's nur noch abwärts gehen. Nein, das erspar ich mir.«

»Na gut, aber wenn Sie einfach immer besser kochen ...«

»Das will ich gar nicht. Ich will gut kochen. Und dass die Leute sich bei mir fallen lassen.«

Sie strahlt ihn an. »Schlau sind Sie. Mein Vater hat auch immer gesagt: Es gibt nichts Bessres als was Gutes.«

Da schlage ich einen so genannten Szeneroman auf – zwei Autoren, einer davon ein Dr. phil. – und mir springt ein Wort entgegen, das mir so angenehm ist wie pinkfarbene Rüschen: »die bestangezogenste ...«

Eigentlich ein Wunder, dass mir so etwas auffällt. Denn sprachliche Finesse ist nicht mein Fachgebiet. Ich bin nur empfindlich geworden gegenüber diesen Superlativen, die überall auf einen eindonnern.

Eine Zeit lang dröhnte durch irgendeine Kaufhauskette der Slogan »Gut ist uns nicht gut genug«. Ja, warum denn nicht? Habe ich mich gefragt. Ständig wird uns verheißen, alles werde besser. Warum wird dann nichts gut? Schon vom Klang her liebe ich das Wort ›gut‹ – es hat so etwas Friedliches, Beruhigtes und nicht die Schärfe von ›besser‹ oder ›am besten‹. Dass bei uns das Verhältnis zum einfach Guten gestört ist, verrät sich nicht nur an Komparativen und Superlativen, es zeigt sich auch in Wörtern wie ›Güteklassen‹. Das Gute kennt nur eine Klasse: die, die es selber besitzt. Und Menschen, die etwas Gutes produzieren, verstehen einander immer. Denn sie wissen, was das Gute ausmacht: die Qualität des Materials und die Ehrfurcht davor bei dem, der es verarbeitet. Ob das Stoffe sind oder Früchte, Farben oder Fische. Aus einem Artikel über Eckart Witzigmann habe ich mir einmal einen Schnipsel herausgerissen und aufgehoben. Dort verrät der Meisterkoch, wie er gute Köche erkennt. »Wenn einer einen Fisch packt und gleich zu schuppen anfängt oder die Haut abzieht, dann hat er's nicht. Aber wenn einer die Zeichnung anschaut und die Farbe und die ganze Schönheit, dann hat er einen Respekt vor dem Produkt und eine Demut. Und das ist wichtig.«

Ein guter Koch geht ganz und gar auf in dem, was er tut. Und es käme ihm nie in den Sinn, zu mogeln oder zu betrügen, denn das wäre Selbstbetrug. Und das ist auch schon sein ganzes Erfolgsrezept.

Er ist nie berechnend, im Gegenteil: Er liebt das, was er da schafft, so sehr, dass er oft gar nicht genug mitrechnet, ob er bei den erstklassigen Zutaten und der vielen Zeit, die er investiert, überhaupt noch einen Reibach macht – Eckart Witzigmann ist dafür selbst ein berühmtes Beispiel. Deswegen brauchen manche einen Patron, der ihre Finanzierung macht, und bei vielen Modemachern verhält es sich genauso. Hingabe macht den guten Koch und den guten Designer aus. Sogar der Gastronom, so sehr er kalkulieren muss, braucht die Bereitschaft, sich hinzugeben. Und die fehlt chronisch in jenen Etablissements, die sich ›Szene-Lokal‹ nennen. Dass ich in etwas Derartiges reingeraten bin, merke ich ziemlich schnell: wenn ich einen Typen vor mir hab', dem die Lust auf's Abzocken in den Augen steht. Und da vergeht mir gleich der Appetit. Dann isst man nur, dass gegessen ist, und denkt sich: Ein Wurstbrot daheim wäre tausendmal besser gewesen.

Die Ehrlichkeit ist für gute Küche und gute Mode unverzichtbar. Und weil ich Gästen, die mir dabei helfen, gute Mode zu machen, gerne das dazu Passende servieren will, habe ich mir in München, in Nördlingen, am Tegernsee Lokale mit Köchen gesucht, die keine Lügen kredenzen, neudeutsch Covenience-Food genannt. Oder koche selber. Nur mit dem Backen hatte ich es nie so – mir ist dieses grammweise Abwiegen zu pedantisch, und ohne das geht nichts. Also habe ich mich in Nördlingen auf die Suche gemacht nach einem Bäcker, dessen Kuchen meinen Kleidern entsprechen. Und als ich las, ein alteingesessener habe diverse Auszeichnungen für seinen Christstollen bekommen, habe ich ihn besucht. »Ich brauche jemanden, der mich nicht betrügt«, habe ich gesagt. »Einen, der aus Überzeugung keine Tricks probiert, sondern sich treu an sein Versprechen hält.«

Da hielt er mich wohl für wunderlich. Und als ich dann fragte, ob er eine Liste habe, welches Gebäck, welche Kuchen und welche Brotsorten er absolut frei von chemischen Zusätzen herstelle, hielt er mich wohl für pedantisch. Jedenfalls schaute er befremdet. »Ich habe keine Liste, aber ich kann ihnen das ja zusammenschreiben«, sagte er matt. Ich ließ ihm meine Visitenkarte da, hatte aber im Rausgehen das Gefühl: Das wird wohl nichts. Nach fast zwei Wochen kam die Liste. Seither bin ich seine Stammkundin, und unsere Firmengäste sind seine Fans. Dass seine Firmenphilosophie meine ist, weiß mein Bäcker wahrscheinlich nicht. Vielleicht spürt er es, wenn er in das erste Herrensakko von Strenesse schlüpft: An Zutaten wurde da nicht gespart. Aber nicht nur das verbindet gute Küche und Köche mit der Mode. Sie sind einander auch ähnlich, was das Verhältnis zum Erfolg angeht. Oft wird behauptet, die Menschen würden durch den Erfolg verändert. Ich glaube, sie werden durch ihn demaskiert: Es zeigt sich, wie sie wirklich sind. Manche Köche legen mit dem Erfolg den Kochkittel sooft wie möglich oder für immer ab und den teuren Anzug an – Gesellschaftsköche, denen es längst nicht mehr um ihre Profession geht, nur noch um den Profit. In der Mode gibt es verwandte Existenzen. Gemeinsam ist beiden, dass sie irgendwann so tief in die Klatschspalten abstürzen, dass sie nicht mehr herauskommen.

DAS INSPIRIERENDE CHAOS

Warum es hilft, sich hilflos zu fühlen

Die Frau, die andere eine Erfolgsfrau nennen, kommt sich vor wie ein Versager. Sie hat panische Angst, etwas falsch zu machen, kaputt zu machen, zu verletzen. Kaum traut sie sich hinzufassen, obwohl das, worum es geht, ihres ist wie nichts zuvor im Leben. Trotzdem wagt sie sich nicht ran, weil sie sich in einer Situation befindet, die sie längst nicht mehr kennt: Sie ist ahnungslos und nichts als zitternde Unsicherheit. Bis vor kurzem noch war sie die starke Frau. Hat hochschwanger konzentriert ihr Programm durchgezogen. »Schwangersein ist doch keine Krankheit«, hat sie fröhlich verkündet. Hat hochschwanger zwei Mitarbeiterinnen, die ihr in dieser Lage und kurz vor Kollektionsabschluss die Kündigung einreichen, sofort fristlos hinausgesetzt; im Alleingang – ihr Mann war verreist. Und jetzt verhält sie sich wie ein unerfahrenes Hascherl. Es hilft nichts, sich vorzusagen, dass Milliarden Frauen es geschafft haben, ohne Lehrgang ihre Säuglinge zu versorgen. Schließlich ruft sie ihre Schwester an, die hat Erfahrung und gute Nerven. Lisa reist an, zeigt ihr, wie sie das Kleine nimmt, stillt, badet. Bringt ihr bei, dass Zärtlichkeit und völlige Hingabe für das Kind jetzt lebenswichtig seien und vor allem Zeit und Aufmerksamkeit. »Jetzt«, sagte Lisa, »gibt's endlich mal was in deinem Leben, was du nicht bestimmst. Hier bestimmt ab jetzt das Kind.«

Alles war geregelt. Unsere Zweisamkeit, privat und beruflich, lief wie geölt, Debatten hin oder her. Wir galten als das perfekte Paar und hatten nicht vor, diese mühsam erkämpfte Situation von irgendetwas oder irgendjemandem stören zu lassen.

Wozu Kinder? Jemand, der wie ich ständig mit Plänen schwanger geht und dann Neues hervorbringt, kommt lange gar nicht auf den Gedanken, etwas zu vermissen. Mein großer Kollege Ungaro hat mal gesagt, Männer drängten deswegen so sehr in die kreativen Berufe, weil ihnen ja das Kreativste auf der Welt versagt sei: ein Kind zu gebären. Und es funktioniert auch umgekehrt: Wer dauernd kreativ sein muss, also dauernd Ideen gebiert, produziert, aus sich heraus Dinge in die Welt setzt, merkt nicht, dass das ein Anstatt ist. Ich habe es nicht bemerkt, und mein Mann und ich ließen uns gar keine Zeit dazu, solche Gedanken aufsteigen zu lassen. Die Zukunft hieß nicht Familie, sie hieß Firma, zumal Gerd ja schon zwei Kinder hatte und das Thema für ihn abgehakt war.

Wir spiegelten uns in unserer Arbeit, unseren Ergebnissen, unserer Freude über das Vorwärtskommen und erkannten in diesem Spiegel nicht, dass wir das Spielerische verloren hatten. Mir stand der Kampfgeist ins Gesicht geschrieben, und ich übersah, dass der nicht unbedingt liebenswürdig ausschaut.

Nein, es war nicht so, dass ich nicht Sehnsucht gehabt hätte nach einem Kind. Schon weil ich immer dachte, das sei jenes Stück Heimat, das mir in Nördlingen fehlte: Alles war hier Gerd. Gerds Vergangenheit, Gerds Besitz, Gerds Familie, Gerds Elternhaus, Gerds Privathaus, Gerds

Beziehungen. Aber dann schien es so, als sollte es einfach nicht sein. Denn ich hatte ein Erlebnis, das die Lust auf Schwangerschaft zum Erliegen brachte.

Mein Mann und ich waren beide erholungsreif. Er war mit seiner Mutter auf eine Kur nach Abbano geflogen, um seinen Pflichten als liebender Sohn auf gesunde Weise nachzukommen, ich war auf ein paar Tage nach Locarno geflohen, wo ich schon vor meiner Ehe im Privathaus einer Münchnerin ein paar Tage Haysche Trennkost gegessen und mich regeneriert hatte und nebenbei von einer Kosmetikerin verwöhnen ließ. Ich hatte gerade einen Eingriff hinter mir, zu dem ein so genannter Frauenleiden-Papst mir geraten hatte. Der Professor meinte, damit seien meine Probleme mit meinen dauernden Unterleibsschmerzen behoben. In Locarno angekommen, ging ich von meinem Appartement runter in das Haus der Münchnerin zum Abendessen. Auf dem Rückweg erwischte es mich. Ich kroch auf allen vieren die Treppen hinauf, schleppte mich auf mein Bett und rief Isabel, die Kosmetikerin an. Sie sagte nur: »Ich hol dich ab und bring dich zu dem Frauenarzt, der im Sommer neben mir wohnt. Der soll großartig sein.«

Sie kam, verfrachtete mich auf ihrem Rücken ins Auto und brachte mich zu diesem Arzt. Und wie ich da lag, hörte ich ihn nebenan mit Isabel reden: »Dieser ahnungslose Kollege. Das ist einwandfrei eine Eileiterschwangerschaft und der Eileiter ist geplatzt. In zwanzig Minuten wäre ihre Freundin tot gewesen.«

Danach hatte ich nicht nur einen Eileiter weniger, ich hatte einen Knacks weg. Ich fühlte mich, als sei ich kastriert. Als Frau ohne Geschlecht. Und meine Methode, dagegen anzugehen, hieß: verdrängen. Jede aufkeimende Depression zuschütten mit Arbeit, jede freie Minute voll stopfen mit Beschäftigung. Ich kannte den Ausdruck *horror vacui* damals noch nicht, aber ich erfuhr, was er bedeutet: der Schrecken, jener inneren Leere ins Gesicht zu sehen.

Einige um uns her müssen gespürt haben, dass mein Arbeitseifer etwas Verzweifeltes hatte und meine kreative Kraftanstrengung etwas kompensieren sollte. Jedenfalls bekamen wir aus dem Freundeskreis eine Empfehlung. Er sei ein Fruchtbarkeits-Papst. Das mit dem Papst klang für mich nach der letzten päpstlichen Erfahrung nicht vertrauenerweckend. Trotzdem bin ich hingepilgert, gewappnet mit Widerspruchsgeist. Egal, was der mit dir machen will, du sagst erst mal Nein, nahm ich mir vor. Dann saß ich drei Stunden bei ihm, einem Professor mit dem symbolischen Namen Kindermann. Doch der Kindermann wollte gar nichts machen, er redete nur mit mir. Und entließ mich mit dem Kernsatz: »Sie müssen einfach dran glauben, dass sie mit einem Eileiter genauso schwanger werden können wie mit zweien.«

Ich glaubte dran und wurde schwanger – mit über achtunddreißig Jahren.

Das Kind bewies, und schon allein das war für mich eine wichtige Erfahrung, die Kraft der Autosuggestion. Und an der zweifle ich seither nie mehr. Autosuggestion bedeutet ja nicht, sich etwas einzureden, es heißt an etwas zu glauben, mit dem ganzen Organismus. Da fühle ich mich erfüllt von einer sicheren Selbstverständlichkeit, an der mein Verstand keine Zweifel anmelden kann. Aber das ist nicht willensgesteuert, es wird nur gesteuert vom Gefühl. Genau das ist wichtig für eine wie mich. Ich gebe zu, dass es stimmt, was mir eine Freundin auf den Kopf zugesagt hat: Für mich gilt alles, was mit ›eigen-‹ anfängt – außer der Eigensucht. Ich bin eigensinnig, eigenständig, eigenwillig, in manchem eigenartig, sogar eigenbrötlerisch. Das ist von Vorteil, wenn es unabhängig macht in Fragen der Energieversorgung. Es ist von Nachteil, wenn es zu einer Hornhautbildung führt, zu Verhärtung nach außen. Das Kind hat mich davor gerettet. Ich war mein eigener Diktator gewesen, hatte nach meinem strengen Befehl alles gemacht und alles durchgestanden. Jetzt diktierte das Kind, das so klar in die Welt sah, dass wir es Clara nennen mussten. Und alles wurde weicher, die Konturen, das Leben, meine Mode. Denn aus dem rechtwinkligen Gebilde meines Alltags wurde ein chaotisches. Und das Chaos ist doch die eigentliche Quelle der Fantasie.

Weshalb Kinder stören sollen

Die Flüge sind gebucht. Die Terminkalender sind freigeräumt. Zwei Wochen Sanibel Island über Weihnachten sind fest geplant, denn sonst lohnt sich das Haus überhaupt nicht. Außerdem sind sie und ihr Mann ausgebrannt und müssen wieder laden. Abflug: 22. Dezember. Da kommt es Clara zu Ohren, dass Weihnachten nicht daheim stattfinden soll. Unter Tränen schluchzt sie: »Aber dann haben wir ja gar nicht unseren Christbaum und auch nicht unser Weihnachtsessen, weil du sagst, dort kaufst du keine Kalbsleber ein.«

Die Mutter selbst leitet das nun ausbrechende dreitägige Chaos ein. Alles zurück. Umbuchen, Umplanen, mit der gesamtem Großfamilie telefonieren, die mitreist, mit Freunden, die dort warten, mit dem Team in der Firma. Am 24. steht die Tanne im Tegernseer Wohnzimmer, drei Meter hoch und geschmückt wie immer. Es gibt handgeschabte Kalbsleber mit Zwiebeln und Bratkartoffeln wie immer. Und Clara freut sich wie immer.

Kinder brauchen Kontinuität, das weiß jeder. Sie brauchen ihren Rhythmus, ihre Anlaufstellen, ihre Traditionen. Den Geburtstag eines erwachsenen Freunds zu vergessen ist entschuldbar, aber den der eigenen Kinder zu vergessen, ist dramatisch. Das alles ist ganz einfach. Schwierig wird es nur dadurch, dass die Kontinuität im Leben des Kinds die im Leben der Eltern stört. Empfindlich stört. Damit das Kind, während es schläft oder schlafen soll, durchgehend versorgt wird, schlafen Mutter und Vater sehr durchbrochen. Damit das Kind auf seine hunderste Warum-Frage eine richtige Antwort bekommt, müssen sie Dinge nachschlagen, die sie nie nachgeschlagen hätten. Damit das Kind seine Witze loswerden darf, unterbrechen sie jedes Gespräch. Und damit das Kind seinen Sonntag in jeweils alters- und trendgerechter Gestaltung genießen kann, geben sie ihre Traditionen auf. Das alles erschreckt nur Eltern, die Kinder für poetische Wesen halten. Kinder sind egoistisch, sie dürfen es auch noch sein. Die logische Folge heißt: Kinder sind eine der größten Herausforderungen an das Management, die es gibt.

Das Problem fängt damit an, dass gerade eine hart

berufstätige Frau (erst recht eine wie ich, die im Ruf steht, die Karriere sei ihr das Wichtigste) sich vornimmt, den urmütterlichen Teil auf gar keinen Fall zu vernachlässigen, also selbstverständlich drei Monate lang zu stillen. Nicht um anderen zu zeigen: Schaut her, ich bin auch als Mutter perfekt. Vielmehr um dem Kind Gelegenheit zu geben zu zeigen: Schaut her, ich bin wichtiger für sie als alles andere auf der Welt. Es ist jene Kapitulation, von der meine Schwester geredet hatte. Und ich verspürte sogar Lust darauf.

Weil die Reisen auch in dieser Zeit nicht ganz gestrichen werden konnten – Stoffreisen zum Beispiel – war ich immer mit einer Milchpumpe im Gepäck unterwegs und habe so nicht nur bei mir den Überdruck abgebaut, sondern auch Vorräte angelegt für die nächste Reise. Neulich habe ich ganz hinten im Tiefkühlfach des Kühlschranks, der in unserer kleinen Münchner Absteige steht, noch so eine Reserveflasche gefunden. Die hatte eine besonders symbolische Bedeutung: Abgefüllt habe ich sie nach telefonischer Anleitung meiner Schwester. Denn im Flieger wollte ich das nie tun. Dann hatte der zwei Stunden Verspätung, die Milch schoss mir unterwegs in die Brust, und ich dachte, mein Busen platzt gleich. Wer das kennt, kennt auch die Schmerzen. Wimmernd bin ich in der Wohnung gelandet, wollte endlich meine Milch abgeben, und dann ging erst mal gar nichts. Doch meine familiäre SOS-Station wusste einen Trick.

Das Schöne an solchen Zwischenfällen ist im Nachhinein, dass sie wie Meilensteine in der Erinnerung Stellen markieren, an denen sich das Kind und alles, was dazugehört, in den Mittelpunkt des Lebens gestellt hat. Und Chaos gestiftet, ohne es zu bemerken.

Dabei hatte ich immerhin versucht, durch eine gewisse Struktur zu verhindern, dass Clara das Opfer unseres Missmanagements wurde.

Als sie auf die Welt kam, habe ich die eigentliche Erziehung sofort meinem Mann übertragen, weil ich nicht wollte, dass das Kind mir ähnlich wird. Er hat ihr das beigebracht, was wirklich mühsam beizubringen ist – warum sie zum Beispiel nicht lügen und bei Tisch nicht schmatzen soll. Ich habe den Teil übernommen, bei dem nicht geredet wird, und ihr Körpergefühl entwickelt. Ich habe sie viel gestreichelt und viel mit ihr geschmust und sie, wie meine Schwester mir das geraten hat, nicht immer dick eingepackt, sondern oft mal nackt irgendwo liegen lassen – auf einem Fell oder einer Decke.

Ich habe mich durch viele Erziehungsbücher durchgequält, aber zu guter Letzt nur das beherzigt, was mir meine Schwester Lisa beigebracht hat: Kinder, die nicht geliebt werden, geraten zu Erwachsenen, die nicht lieben können. Und Kinder, mit denen nicht geschmust wird, schmusen als Erwachsene nicht. Weil solche Erwachsene unglücklich sind, geht es vor allem anderen darum, das Kind zu lieben und mit ihm zu schmusen.

Meine Unbegabtheit, mich auszudrücken, konnte ich unauffällig verbergen und meine Leidenschaft, anzufassen, hinzufassen und zu spüren, ungeniert ausleben. Trotzdem stört Clara auch in dieser für mich angenehmen Aufgabenverteilung immer wieder, denn auch ich bekomme Warum-Fragen ab. Auch von mir will sie immer wieder, dass ich ihr etwas befehle, damit sie die Chance hat, zu widersprechen und nicht zu folgen. Und die Chance soll sie haben.

Nur die Opposition sorgt für Bewegung, sie allein ist der Stachel im Fleisch, den es braucht. Auch das Gefühl braucht eine Opposition. Und Kinder sind die beste.

Warum es aufbaut, eine Wahlfamilie zu haben

An Pfingsten nisten wir uns am Tegernsee ein und gönnen uns einfach vier Tage Ruhe, haben sie beide beschlossen. Keine Gäste, keine Besuche keine Termine. Da kommt der Anruf aus den USA. Bob Rauschenberg sei in seiner Wohnung gestürzt, liege im Krankenhaus mit gebrochener Hüfte und anderen Sturzfolgen. Er sei niederschlagen, gesteht sein Vertrauter Darryl. Über Pfingsten komme er nach Hause. Aber keiner wisse, was ihn nach oben ziehen könnte.

Eine Stunde später erfährt Gabrieles Mann, dass sie über Pfingsten nach Florida fliegen wird. Sie, die lange Flüge hasst. Nichts Idylle, nichts mit Einigeln, nichts mit stiller Erholung. »Ich glaub', der Bob braucht mich jetzt«, ist die einzige Erklärung, die sie abgibt. Den Koffer packt sie in zehn Minuten, Einwände nimmt sie nicht an. Als sie am Dienstag nach Pfingsten wiederkommt sieht sie erholt aus. »Dem Bob geht's besser. Und mir auch.«

Freunde sind die Wahlfamilie und damit eine Wahlheimat. Und Bob Rauschenberg hat mir einmal gesagt, dass ich für ihn etwas bin, was ich selber nie vermutet hätte: Jemand, der geborgen wirkt, zu Hause bei sich selber.

»When I see you, I feel homeless«, hat er damals erklärt.

Für ihn besitzt es etwas Anomales, dass ich so normal bin, denn er ist umgeben von lauter Ausnahmemenschen, denen es rund um die Uhr anzumerken ist, dass sie Ausnahmen sind. Und in einem Land, wo ein Kind, das gefragt wird: »Woraus backt man einen Kuchen?«, sofort sagt: »Aus einer Kuchenbackmischung«, ist es außergewöhnlich, was für mich gewöhnlich ist: aus Mehl, Zucker und Eiern etwas Wohlschmeckendes zu zaubern. Wobei zaubern das richtige Wort ist, denn Bob erscheint das wie Magie. In meiner Funktion als Magierin der alltäglichen Dinge reiste ich also an. Umso lieber, als Bob ein leidenschaftlicher Hobby-Koch ist – Bobs Mango-Chicken mit Früchten vom eigenen Mangobaum ist eine Liebeserklärung an jeden Gast.

Er war blass und aller wichtigen Leute, der ganzen mondänen Gesellschaft müde. Zum ersten Mal gestand er mir, wie sehr es anstrengt, nicht irgendein Künstler zu sein, sondern einer, den die Prominenten als einen der Ihren vereinnahmen. Nicht gegen seinen Willen, denn aufregende oder Aufsehen erregende, schräge oder schrille Menschen bringen ihm, dem einsamen Arbeiter, immer wieder die Kicks, die er braucht. Nur fällt es ihm oft schwer, die echten Freunde von denen zu unterscheiden, die sich nur mit ihm schmücken wollen.

Es ging ihm nicht nur körperlich, es ging ihm seelisch schlecht, weil ihm das fehlte, was mich regelmäßig lädt: Nestwärme. Nestwärme ist wohlgemerkt keine preiswerte Energiequelle, denn sie fordert Einsatz. Von alleine bleibt sie nicht erhalten. Und wer es schafft, sie dauernd liefern zu können, hat Freunde. Mehr noch: eine Wahlfamilie.

Vor kurzem hat mir eine Freundin einen Artikel aus dem Herald Tribune zugeschickt, in dem ein amerikanische Anthropologe erklärt hat, das gemeinsame Essen sei das wichtigste gemeinschaftsstiftende Erlebnis im menschlichen Dasein. Und ich war froh, dass einer so klug formuliert hat, was ich empfinde.

Dass jeder, der zu Hause eine Diät durchziehen will, so entnervt ist, hängt auch damit zusammen: Er fühlt sich von diesem Gemeinschaftserlebnis ausgeschlossen. Deswegen funktionieren Diäten jeder Art viel besser, wenn sie in Sanatorien gemacht werden, wo dann lauter Milch- und Semmelkonsumenten beieinander sitzen.

Bob Rauschenberg sollte nun Diät halten. Vegetarisch, hatte der Arzt verordnet. Und dazu fiel eben nicht einmal Daryll etwas ein. »Bob kann nicht kochen, und mich machen diese Diätrezepte fertig«, hatte Daryll geklagt. »Das schmeckt alles unerträglich fad, wenn ich die Angaben befolge.« Also aß Bob lieber weiter seine amerikanische Kost, die ihm noch schlechter bekam als sonst, weil ihm das schlechte Gewissen im Magen lag. Ich habe mich in seine Küche gestellt oder besser gesagt diese schmale Küchenzeile in seinem Loft und einen Risotto con piselli gekocht. Allein dass bei ihm jemand richtig kocht hat im das homelessness-Gefühl genommen.

Und dass dieses verdächtige vegetarische Gericht und alle anderen, die ich in den Tagen drauf gekocht habe, auch noch sehr gut geschmeckt und wir sie zusammen gegessen haben, hat ihm sichtbar gut getan. Und dass es ihm gut tat, tat mir gut.

Viele denken, wer Erfolg habe, müsse ökonomisch denken. Also mit den Kräften haushalten und sie nur dort hineinstecken, wo sicher ist, dass es sich lohnt, dass es sich auszahlt. Ich habe die Erfahrung gemacht, dass nichts besser und effektiver aufbaut, als das, was die meisten Kraftverschwendung nennen würden. Wer liebt, denkt nicht darüber nach, ob es sich lohnt, so viel Energie in jemand anderen hineinzustecken und ihm derart viel Zeit zu opfern. Und auch nicht darüber, was zurückkommt. »Liebe ist kein Investmentgeschäft«, hat eine Freundin von mir geschrieben. Ich weiß, dass sie damit Recht hat. Aber offen gestanden muss ich mir das immer wieder vorsagen, denn ab und zu befällt mich das Milchkuh-Syndrom: Da bilde ich mir plötzlich ein, alle würden mich nur melken, meine Familie, meine Mitarbeiter, alle. Ich beschwere mich dann lauthals. Und spüre an den Reaktionen, an der Mischung aus Zärtlichkeit, Besorgtheit, aber auch Abgeklärtheit, was meine Macken angeht – »jetzt hat sie wieder diesen Rappel« –, dass ich geliebt werde. Und selbst wenn es kitschig klingen sollte: Ich glaube, dass Erfolg auch auf dem Gefühl beruht, geliebt zu werden. Aber das ist leider kein Rezept zum Nachkochen, ich weiß.

DAS KOMPLIZIERTE VEREINFACHEN

Wie eine Klassefrau zum
ästhetischen Risiko werden kann

»Eine blöde Situation«, sagt sie. Viele würden sie darum beneiden: Wieder mal will eine berühmte Spitzensportlerin gerne für ihre Mode werben. Die Frau ist sympathisch, hat Ausstrahlung und einen makellosen Körper. Und nun ist sie aus Paris angereist mit ihren Agenten, um zu verhandeln. Die Männer rechnen, kalkulieren, debattieren, die Spitzensportlerin probiert die neuesten Kollektionsteile an. Von der Frau, die sie entworfen hat, ist nichts zu sehen. Sie hat ihrem Mann von vornherein erklärt, hier sei sie nicht mit von der Partie, sie habe genügend Vernünftiges zu tun. Schließlich kommen die Herren an einen Punkt, wo nur ihr Ja noch fehlt. Ihr Mann begibt sich auf die Suche nach ihr. Da hinten steht eine Tür offen, einen Spalt breit. Und durch den Spalt sieht er von ihr nicht viel, nur ein Auge. Es bewegt sich rhythmisch und unmissverstehbar von rechts nach links, von links nach rechts. Er kehrt zurück zum Verhandlungstisch. »Sie will nicht«, sagt er.

Später will er es dann doch wissen, warum sie dagegen ist. Wo die Frau doch sympathisch ist, Ausstrahlung hat und einen makellosen Körper. »Aber sie hat keinen Geschmack«, sagt sie. »Und das ist mir zu gefährlich.«

Manche finden es traurig, dass man Stil nicht kaufen kann. Ich finde es erfreulich, denn sonst gäbe es nicht das wunderschöne Phänomen, dass eine Frau oder ein Mann mit fast keinem Geld unter lauter reichen Leuten Stilsieger sein kann.

Als Modedesigner müsste ich es ja eigentlich bedauern, dass man Stil nicht entwerfen, herstellen und mit dem Prädikat ›stilsicher‹ verhökern kann an alle, die seiner bedürfen. Ich begrüße es dennoch, weil es mich daran hindert, Stil für eine sichere Angelegenheit zu halten. Es gehört zu den wesentlichen Erfahrungen meines Berufs, regelmäßig Leute zu sehen, die meine Kleider so tragen, dass ich am liebsten das Etikett rausschneiden würde. Es gibt kein Kleidungsstück auf der Welt, so edel es auch sein mag, das davor sicher wäre, geschmacklos serviert zu werden. Schließlich gibt es viele Möglichkeiten, gute Klamotten in schlechte zu verwandeln. Eine besonders bewährte ist die, jeden Trend mit Begeisterung mitzumachen, ohne sich um so etwas Albernes zu kümmern wie die Frage: Kann ich das anziehen? Selbstkritik ist eine mühsame Angelegenheit, und wer darauf verzichtet hat es viel gemütlicher.

Eine Methode, die nicht ganz so einfach ist, aber trotzdem wirkungsvoll, ist die falsche Auswahl. Dazu muss sich der Käufer nur vorstellen, welchem großen Star er am liebsten ähnlich sähe, und allein danach entscheiden, welche Stücke er kauft.

Die am weitesten verbreitete Technik, ohne großen Aufwand aus geschmackvollen Kleidungsstücken ein geschmackloses Ensemble zu kreieren, ist der Leitsatz:

Mehr ist einfach mehr. Dieser stilistische Vorsatz lässt sich auch mit ganz schlichten Teilen verwirklichen. Sogar mit meinen Klamotten, denn deren Reduziertheit ist nur ein Versuch der Unfallverhütung. Verhüten kann ich stilistische Unfälle nicht. Denn es gibt eben viele Methoden, durch Zuviel alles kaputtzumachen. Die einen schaffen das durch Überdekoration: Schmuck an jedem Körperglied und möglichst noch ein auffälliger Gürtel. Andere schaffen das durch Überdosierung von Reizen: Der Rock zu kurz *und* zu eng und dazu wird dann noch ein ärmelloses Top mit großem Dekolleté getragen. Wer so viele Hingucker setzt, verlockt vielleicht zum Hinstarren. Begehrlich sind dieses Blicke vielleicht, bewundernd wohl kaum.

Eine Grundregel des Stils heißt: Immer nur einen Akzent setzen, immer nur ein Teil mit Sex-Appeal tragen. Also entweder einen verlockenden Ausschnitt oder einen Rock mit aufregendem Schlitz, entweder etwas extrem Enges, Körperbetontes oder einen Mini. Stil ist für mich nämlich einfach eine Frage der Dosierung – der Dosierung von Reizen. Zu wenig davon macht die schönste Frau so aufregend wie die englische Queen, zu viel davon so delikat wie einst Jayne Mansfield, die ihre Kleider generell zwei Nummern zu eng kaufte. Meine Faustregel heißt: Zwei Eyecatcher schlagen sich tot. Also entweder Rückenausschnitt oder Vorderausschnitt, entweder etwas mehr Kontur in Hautengem zeigen oder mehr Haut.

Ein zweiter Stilgrundsatz heißt: Die Proportionen müssen stimmen.

Dieser Grundsatz kann leicht übergangen werden, indem man das Bild im Spiegel einfach nicht scharf stellt und sich nicht kritisch sieht. Ich will jetzt nicht daherreden wie Leute, die, vom Perfektionswahn besessen, die Menschen, vor allem die Frauen, verunsichern. Denn leider ist das, was sich in den USA ›Body-Image-Störung‹ nennt, diese verhängnisvolle Neigung, sich ein falsches Bild vom eigenen Körper zu machen, eine ernsthafte Krankheit geworden; auch bei uns.

Sich zu mögen, den eigenen Körper anzunehmen in seiner Eigenwilligkeit, ist die Basis von Selbstsicherheit. Und die wieder ist unverzichtbar für Stil.

Sich in den richtigen Proportionen zu kleiden, heißt nicht, seine kurzen Beine zu hassen oder den kleinen Busen. Das heißt nicht, über chirurgische Maßnahmen nachzudenken, um sich einem vermeintlichen Ideal anzunähern. Sondern sich gefordert zu fühlen, aus den individuellen Vorgaben den individuellen Stil zu entwickeln.

Ich kenne Frauen, die von allen bewundert werden wegen ihres guten Geschmacks und ihres souveränen Stils. Das sind Frauen, die mit sich umgehen können und es genießen, ihre Vorteile so zu betonen, dass niemand mehr die angeblichen Nachteile bemerkt. Den Blick so sehr auf die langen Beine zu lenken, dass niemand die eindrucksvolle Oberweite vermisst. Oder den prächtigen Busen so gekonnt zu betonen, dass keiner drüber nachdenkt, ob die Beine zu kurz sein könnten. Das ist Stil. Und die Grundfrage dazu heißt nicht: Was ist an mir hässlich? Sondern: Was ist an mir schön?

Warum Details erst Stil ausmachen

Clara steht an einer großen Holzwand des alten Bauernhauses am Tegernsee, das seit über einem Jahr eine Großbaustelle ist und jede freie Minute ihrer Eltern in Anspruch nimmt. Sie hat den Kopf an die Wand gelehnt, den rechten Arm obendrüber, und stöhnt: »Ich steh' an der Klagemauer.« Ihre Eltern sehen sich schuldbewusst an. Ja, es stimmt: Dieser Umbau frisst ihre Aufmerksamkeit auf und ihre knappe Freizeit. Sie vor allem hadert dauernd an irgendeinem Detail. »Ich pfusch bei meiner Mode nicht, dann pfusch ich bei meinem Haus erst recht nicht.« Und auch Claras Klage kann ihre Mutter nicht davon abbringen, zum hundertsten Mal festzustellen: »Diese Lichtschalter sind scheußlich. Ich will die nicht.« Und er erklärt ihr zum hundertsten Mal, die seien eben Teil des Systems, das sie sich aus technischen Überlegungen ausgesucht hätten. Da geht sie telefonieren. Mit der Freundin Ursula Harbrecht, Journalistin in Paris. Von der stammte doch der Artikel über einen Pariser Innenarchitekten namens Christian Liaigre, der angeblich an Kleinigkeiten feilt wie besessen. Ein paar Wochen später steht Christian Liaigre, der scheue Star aus Paris, auf der Baustelle am Tegernsee. Er weiß eine Lösung für die Schalter. Und für viele andere Stellen, wo es noch nicht stimmt. »Wie redet ihr denn miteinander?«, fragt ein Freund, »... ich meine: in welcher Sprache?«
»Brauchen wir nicht«, grinst sie, und Liaigre lächelt.

Dass ich mir für jedes Detail so viel Zeit nehme, halten manche für Zeitverschwendung. Wenn ich mal wieder den beliebten Satz absondre: »Irgendwas stimmt da nicht«, höre ich durchaus die Seufzer der Entnervten um mich her, aber ich kann nicht anders. Ich muss so ein Teil dann von oben bis unten und von innen nach außen nach diesem Detail abgrasen, das den Gesamteindruck empfindlich stört. Den Beweis dafür, dass ich nicht die Prinzessin auf der Erbse bin, die an Kleinigkeiten leidet, die andere gar nicht spüren, liefern mir meine Besuche in Kleiderläden oder den Konfektionsabteilungen der Kaufhäuser: Da stehen Menschen vor dem Spiegel in einem Kleidungsstück, das theoretisch die richtige Größe hat. Aber sie fummeln an sich herum, zupfen hier, zerren dort was zurecht, recken die Brust raus, ziehen den Bauch ein, machen ein Hohlkreuz. Und sie sehen dabei aus, als sagten sie leise: »Irgendetwas stimmt da nicht.«

Ob einem etwas gefällt, das erkennt das Auge an der großen Linie. Aber ob es einem passt im weitesten Sinn, das spürt der Körper. Wie Futter, Nähte, Schultern gemacht sind, das ist unwichtig für den ersten Eindruck. Aber es ist elementar für das Wohlgefühl, für die Vertrautheit mit den Kleidern. Es verhält sich damit ähnlich wie in Beziehungen: Die Aufmerksamkeit in den kleinen Dingen signalisiert Liebe und Zuwendung. Nicht der Brilli zum Geburtstag, sondern das Öffnen einer Tür, das Hinschieben eines Stuhls, der Hinweis auf Petersilie am Zahn oder auf eine Laufmasche im Strumpf (und zwar noch zu Hause).

Woran ich merke, dass ein Stück im Detail stimmt?

Ich habe da einen ganz einfachen Test soeben wieder angewandt.

Auf die Idee dazu kam ich – Entschuldigung – durch Hunde.

Ich beobachte gern Hunde. Nein, keine bestimmten, alle, die keine coupierten Schwänze haben. Denn ich schaue sie nicht an wegen ihres Fells, ihre Körperbaus oder ihrer Schnauze, sondern weil sie mit dem Schwanz sagen, was sie fühlen. Es wedelt, nicht der Hund wedelt, wenn er sich freut. Diese direkte, unverstellte Mitteilung von Emotion ist für mich etwas Wunderbares. Etwas, was uns Menschen weitgehend verloren gegangen ist. Deswegen können so viele Leute ihr Geld damit verdienen, dass sie Tipps, Tricks und Techniken verraten, mit denen sich durch das hindurch, was ein anderer Mensch mit Worten, Mimik oder Gestik sagt, seine eigentlichen Empfindungen erkennen lassen. Mich stört auch Hundegebell nicht. Denn der Hund bellt eben, wenn ihn etwas erregt, während der Mensch die Erregung lieber gar nicht zugibt.

Emotionale Äußerungen ohne Worte überzeugen mich oft mehr als verbale. Und auch wenn ich mir nie die Muße gegönnt habe, einmal ein Körpersprache-Buch von Sammy Molcho zu lesen, ist das diejenige Sprache, die ich am liebsten perfekt lesen und verstehen lernen möchte. Wahrscheinlich weil es die einzige ist, die ich regelmäßig brauche. Denn Kleidung und Körpersprache sind untrennbar miteinander verbunden. Darauf basiert mein simpler, aber sicherer Test.

Die ersten Teile meiner ersten Männerkollektion waren fertig. Während der ganze Zeit war ich nicht zum Nachdenken gekommen. Aber jetzt zweifelte ich an allem. Jahre hatte ich mir Zeit gelassen. Als sei ich aus einer Trance erwacht, sah ich nun befremdet die Arbeit der letzten Monate an. Ist es das? Mögen Männer so etwas?

Mein eigener Mann sagte Ja. Aber der ist selbstverständlich befangen. Er will und muss das Zeug ja verkaufen. Am Samstagabend hatten wir zusammen mit zwei Freunden Karten für ein Konzert der Münchner Philharmoniker. Mahlers Vierte. Mein Mann trug ein schwarzes Jackett, einen Prototypen. Bewusst habe ich mich zwei Stühle von ihm weggesetzt, das Freundespaar zwischendrin. Ein Sicherheitsabstand, damit ich nicht dauernd an ihm herumfingern konnte und prüfen, testen, anfassen. Ich war heilfroh, dass die Musik so stark war und mich ablenkte. Nach dem Konzert gingen wir alle vier ein paar Häuser weiter noch einen Drink nehmen. »Probier du mal das Sakko an«, habe ich den Freund gedrängt. Er sah sich um. Zu eng hier im Lokal für Umkleideaktionen, fand er. Die beiden Männer gingen grinsend zu ›Herren‹, kamen wieder in vertauschten Kleidern. »Und?«, habe ich den Testkandidaten befragt. »Fühlt sich gut an«, sagte er, »aber im Klospiegel sieht man sich nicht recht.«

»Dann schau dich halt hier an.« Es war Nacht, und die Fensterflächen spiegelten perfekt. Er schaute sich an, steckte eine Hand in die Hosentasche. Und lächelte. Lächelte sich ausgiebig an. Jetzt wusste ich, dass es gut ist.

Kleidung stimmt, wenn sich der Mensch darin wohl fühlt. Nun kriege ich sofort zu hören, dann müsste dieses Schlafsack-Outfit, mit dem die Leute heute auf die Bank gehen, in den Supermarkt und ins Restaurant, doch das Ideale sein.

Nein. So verwirrend das klingt: Ich bin überzeugt, dass sie sich darin nicht wirklich wohl fühlen. Ob sie es zugeben oder nicht – sie spüren ihre Verwahrlosung. Und das ist ihnen anzusehen. Wer sich in seinem Outfit wohl fühlt, sicher und selbstbewusst, geht und steht auch so. Wer aber dahinschlurft und sich rumlümmelt, verrät das Gegenteil. Bewegt sich eine Frau in einem neuen Outfit so, als hätte sie es schon Jahre, dann stimmt es.

Stil hat Kleidung nur dann, wenn sie passt – zur Person, zur Figur, zum Wesen, zu den Bewegungen und zum Anlass. Und sie passt, wenn sie angemessen ist. Also wenn sie das richtige Maß hat, das heißt: richtig bemessen ist wie die Gewürze in einem Gericht. Die Blicke anzulocken ist eines, sie zu verführen das andere. Und so wie das Verführerische eines Wesens gerade die verborgenen Eigenschaften sind, die sich erst allmählich offenbaren, ist es auch bei der Kleidung. Die große Linie hat den Sex-Appeal, aber die Erotik steckt im Detail.

Daran, dass er am Detail arbeitet zeigt sich die Zärtlichkeit des Designers seinen Kunden gegenüber. Es gilt für Möbel, Autos, Mode, Essen: Mit Details macht man keine Furore, aber man macht sich beliebt bei denen, die mit den Dingen umgehen. So wie ein aufmerksamer Mann bei Frauen oft sehr viel bessere Chancen hat als ein brillant aussehender, ist es auch mit Produkten: Es ist ein gutes Gefühl, die Aufmerksamkeit dessen zu spüren, der sie sich ausgedacht hat und damit nicht nur imponieren will. Und weil das doch ziemlich viele verstehen, überstehe ich die Seufzer gut.

Weshalb Brüche zum Stil gehören

Die Frau des Heilpraktikers kommt zum ersten Mal in das Haus der Strehles am Tegernsee. Die Stilreinheit macht sie stumm. Jedes Waschbecken, jede Amaryllis in der Vase, jede Holzschale auf einer Fensterbank, jede Lampe in der Küche oder in der Toilette: Alles ist durchdacht und schön. Fast eingeschüchtert geht sie die Treppe hinauf in das große Kamin- und Wohnzimmer. Auf dem Tisch liegt ein Adventskranz, der die Frau des Heilpraktikers stark an den Brigitte-Stil der 80er Jahre erinnert. Sehr farbenfroh und von jener kunstgewerblichen Bemühtheit, die längst als überholt gilt. Hier, in völliger Stilreinheit, wirkt er wie die Fliege in der Milch. »Wo habt ihr denn den her – diesen Adventskranz?«, sagt sie schließlich.

»Der ist von einer Uraltfreundin«, sagt die Hausherrin. »Und ohne den gibt's bei uns keinen Advent.«

Es gibt Wohnungen, die riechen penetrant nach dem Innenarchitekten, der sie gestaltet hat. Ihr Fehler: Sie haben keinen. Christian Liaigre, der in unser halb fertiges Haus kam, hat sich auch deshalb dafür begeistert, weil es zwar noch seine Hand oder, besser gesagt, seine Fingerspitzen brauchte, aber rundum gelebt wirkte. Also zwar durchdacht – eigentlich müsste ich sagen: durchfühlt – bis ins Detail, aber trotzdem nicht von dieser kalten, gnadenlosen und selbstgefälligen Fehlerfreiheit. Denn das Leben ist nicht perfekt und das macht es so spannend. Genauso wie die natürliche Schönheit. Sie war immer ein Mythos. Für mich ist sie sogar ein Gottesgeschenk. Ob es sich um die Naturschönheit einer

Landschaft, einer Blume oder eines Menschen handelt. Doch diesen Mythos haben wir zerstört: Schönheit ist machbar mit Skalpell und Kanülen, sie ist kein Geschenk mehr, sie ist käuflich.

Der Hunger nach der gewachsenen Schönheit wird deswegen zunehmend größer bei sensiblen Menschen. Schon vor ein paar Jahren haben wir uns um Models bemüht, die sich nicht durch die absolute Regelmäßigkeit einprägten, sondern eben durch etwas Unregelmäßiges, vielleicht sogar etwas Schiefes. Mein Ideal an Schönheit habe ich Mitte der 70er Jahre in einem Nördlinger Kino entdeckt, als ich den ersten Film mit Romy Schneider sah. »Die Unschuldigen mit den schmutzigen Händen« hieß der Film, der von Kritikern und von Romy Schneider selbst als einer ihrer schlechtesten beurteilt wurde – sie selber sagt, Chabrol, der Regisseur, habe sie allein gelassen. Trotzdem hat sich mir diese Frau eingeprägt als Inbegriff der Schönheit, denn sie war gezeichnet, so vollkommen ihr Gesicht auch gewesen sein mag. Ihrer Verletzbarkeit und ihre Verletzungen waren ihr anzusehen, und Romy Schneider wusste, dass eben darin ihre Stärke lag: Sie ist wohl der einzige Filmstar des 20. Jahrhunderts, der sich einmal völlig ungeschminkt in eine Talkshow unter lauter Geschminkte setzte.

Wenn Schönheit im Sinn des Perfekten und Symmetrischen machbar ist, dann ist sie entwertet. Dann ist sie nur noch ein Industrieprodukt.

Heute wird Schönheit mehr und mehr als etwas Machbares verkauft, da kann sie nichts Wunderbares mehr sein. Und gerade die Kreativen schmerzt dieser Vorgang, weil zurecht immer wieder gesagt worden ist, dass sie sich etwas Kindliches erhalten müssen. Man müsse die Welt ein Leben lang mit Kinderaugen sehen, hat Matisse verlangt. Das heißt für mich: staunen können. Und nur die Naturschönheit kann uns dieses Staunen bescheren. Weil es mich stört, dass nichts mehr stören darf, versuche ich nicht nur in meine Mode Brüche einzubauen. Ich liebe und lebe das nicht Glatte in allen Bereichen des Alltags. Eben auch in meiner Wohnung. Eltern, die ihre Kinder dazu nötigen, jedes Spielzeug so gründlich zu verstauen, dass niemand mehr merkt, dass Kinder im Haus sind, sind mir deswegen genauso unsympathisch wie Leute, bei denen nicht mal ein paar Bücher oder Zeitungen herumliegen dürfen.

Wenn Stil zu einer Spielart des Rassismus wird, wird er eben so unsympathisch, wie alle Rassismen der Welt es sind.

Stil braucht Brüche, wenn er menschlich sein will. Erst durch die Brüche beginnt der Stil zu lächeln. Das klingt für manche vielleicht unglaubwürdig aus meinem Mund, denn es passiert immer wieder, dass jemand mit durchaus guten Maßen meine Mode gerne tragen will und dann meint, die Figur sei nicht gut genug für diese Teile. Doch das ist ein Irrtum: Wirklich erotisch und sinnlich wirkt meine doch ziemlich reduzierte Mode erst, wenn ein Körper drinsteckt mit all seinen vermeintlichen Mängeln. Kein formloser Leib natürlich, aber eben auch kein gnadenlos perfektionierter Modelkörper. Denn nur das Einmalige besitzt Ausstrahlung. »Alles Schöne ist schief«, hat Günter Grass gesagt. Er hat Recht. Die kleine Narbe macht bewusst, wie makellos die Haut drum herum ist, die markante Nase betont das Zarte eines Gesichts. Und das nicht Symmetrische, nicht Ebenmäßige ist es, an dem sich der Blick verhakt. Ist alles nur glatt, dann gleitet er ab.

Weshalb Fehler Sympathien bescheren können

Mailand an einem jener Oktobertage, die noch hochsommerlich warm sind. Die Schau von Gabriele Strehle findet im eigenen Showroom statt, einer ehemaligen Ziegelfabrik im Stadtteil Naviglia. Und die geladenen Gäste fahren gerne dort hinaus. Denn in Naviglia, wo Mailand noch Kanäle hat, die Fassaden niedrig sind und die Häuser locker stehen, ist es luftiger als in der Stadt. Außerdem klingt es spannend, was sie dort erwartet: Haim Steinbach, der New Yorker Künstler, hat für Gabriele ein kühnes Konzept entwickelt, Mode einmal anders zu präsentieren. An den Wänden entlang läuft, ein Meter hoch, einen Meter breit, der Laufsteg, das Publikum steht im Zentrum des Raums. Parallel zum Laufsteg sind Becken aufgestellt, davor alle Meter eine Dusche – altmodische gebogene Metallduschen. Die Besucher warten, das Licht geht fast aus, der Künstler steht im ersten Stock am Licht- und Tonpult. Dann gehen die Duschen an. Voller Strahl aus allen Köpfen. Langsam wird die Beleuchtung stärker, Musik vermischt sich mit dem Geräusch des niederprasselnden Wassers. Dann treten die Models auf. Ein magischer Klang, ein magisches Erlebnis. Doch die Besucher sind nicht nur gebannt, sie sind gebadet, schweißgebadet: Der Showroom hat sich in eine Sauna verwandelt. Und als am Ende der Schau nochmals die Duschen angehen, während das Licht erlischt, und die Musik leise verklingt, sehnen sie sich weniger nach Gabriele Strehles neuesten Kreationen als nach einem Sprung ins eiskalte Wasser.

Strenge Kulturkritiker sind oft der Meinung, Mode sei keine Kunst. So wie sie sich selber anziehen, ist die Vermutung auch abwegig. Ich würde nie den Anspruch erheben, Künstlerin zu sein. Aber ich gönne mir den Luxus, mit Künstlern, die mir etwas sagen, zusammenzuarbeiten, wenn es um die Präsentation meiner Mode geht. Und von Haim Steinbach bis Michael Wesely war diese Zusammenarbeit immer bereichernd für mich, weil ich sehen lernte, was sie sahen. Also das, wo ich oft zu nah davor stehe, um es beurteilen zu können, aus ihrer Distanz zu betrachten. Das ist ein egoistisches Vergnügen, das bei mir eine Wirkung zeitigt wie eine dreiwöchige Kur. Nach dem schweißtreibenden Erlebnis mit den Duschen sagten vorsichtige Leute zu mir: »... aber so was machst du doch nicht noch mal, oder?« Denn ich gelte als eine vernünftige Frau. Doch genau da leiste ich mir das Unvernünftigsein, weil es mich erfrischt. Auch wenn nicht geduscht wird. Das ist wie ein Ausflug in andere Gedankenwelten, von denen aus ich dann auf meine kleinen Arbeitsplaneten schaue. Also habe ich prompt in der Saison darauf, im März, wieder in unserem Showroom in Naviglia und wieder mit Haim Steinbach die nächste Inszenierung geplant.

»Diesmal sollen die Leute nicht ins Schwitzen kommen«, sagte Haim. Und machte aus der Schau ein Kunstwerk, indem er riesige Eisblöcke hereintragen ließ, die mit Videoprojektionen und Lichteffekten aus der Modevorführung ein Abenteuer werden ließen. Allerdings eines, für das Reinhold Messner besser gerüstet wäre, als es unsere Gäste waren. Dieses Mal verließen sie schlotternd unsere Räumlichkeiten, und jeder hätte vermutet, meine Mode lasse sie absolut kalt. Eiskalt sogar.

Die meisten dachten, damit sei meine Experimentierfreude erledigt, denn ich wolle mich ja nicht selbst erledigen. Danach wurde es klimatisch zuerst mal angenehmer, denn unsere Kunstbaustelle in der Mailänder Innenstadt, die Michael Wesely inszeniert hat als *art in progress,* war auf andere Weise ungemütlich und dabei höchst erfolgreich. Vor allem für eine Notlösung: Unser Geschäft dort war in der Umbauphase. Was hätten wir anderes anstellen sollen?

In München allerdings haben wir unsere katastrophile Serie fortgesetzt. Das Erstaunliche dabei: Diesmal hatte eine Eventagentur das Ganze arrangiert, und trotzdem geriet es zum Desaster. Aber die Idee, wie das Event gestaltet werden sollte, kam von mir, und die Agentur hatte ich ausgesucht und gebrieft. Es konnte also nur schief gehen. Dabei war eigentlich alles ganz einfach: Mein erster Duft sollte vorgestellt werden. Üblicherweise werden bei solchen Anlässen nach zwei kurzen Ansprachen in einem Restaurant die Journalisten abgefüttert und dann, reich beladen mit Parfumflaschen und Pressemappen, entsandt. Wir aber planten etwas Originelles und daher Riskantes: Wir hatten in München einen Saal im Kunstverein gemietet und ihn gestalten lassen: Er wurde mit knöcheltiefem Salz ausgestreut. Das sah gut aus, aber leider haben wir uns dort alle, zumal der Raum keine Klimaanlage besaß und es draußen 30 Grad hatte, wieder daran erinnert, in der Schule gelernt zu haben: Salz ist hygroskopisch, zu Deutsch: Wasser bindend. Der nächste Saunabesuch für unsere Freunde. Damit sie nicht zu Feinden würden, hat sich unser wohlerzogener Partner nachher höflich und untertänig entschuldigt. »So etwas hätte nicht passieren dürfen, auf gar keinen Fall. Das ist eine Katastrophe gewesen.«

Ich fand das gar nicht. Denn Fehler geben dem guten Geschmack erst ein Aroma. Es gibt genügend plastifizierte zurechtoperierte Idole, es gibt mehr als zu viel Perfektionskult und es gibt viel zu viele Stars, Filme, Bücher und Veranstaltungen, aus denen der Wahn, makellos zu sein, jegliches Leben vertrieben hat.

Ja, ich war der größte Fettfleck auf dieser Veranstaltung, auch wenn es nicht Fett, sondern Wasser war: Am Ende meiner Ansprache habe ich geheult. Als mir daraufhin jemand vorgeworfen hatte, das sei unprofessionell, habe ich gesagt: »Ja, das stimmt. Aber nur für einen Darsteller. Ich bin ja auch nur ein Profi in Modedesign und keiner in Schauspielerei und Vortragskunst.«

Mit solcher Kritik lebe ich gut. Schlimm wäre gewesen, wenn einer gesagt hätte, meine Tränen seien unecht gewesen. Hat aber keiner gesagt. Und so wie ich Feste liebe, bei denen auch mal was schief gehen darf, weil das menschlich ist, so bin ich überzeugt, dass es menschlich wirkt, wenn mal was schief geht.

Außerdem finde ich Fehler zu machen ungeheuer anregend: Ich kann es dann beim nächsten mal besser machen, kann neu anfangen und neue Fehler begehen. Nach der vollendeten Vorstellung dagegen ist es ein Stress, das Niveau zu halten. Und viel leichter geht's bergab.

DIE LEBENSNOTWENDIGEN MACKEN

Weshalb man sich mal unbeliebt machen darf

Die neue Mitarbeiterin in der Fertigung ist schnell und gut. Das Arbeitsklima findet sie angenehm, denn die Bandleiterin ist ihr halbes Leben dabei und kennt alle Tricks und Kniffe. Eine abgeklärte, routinierte Frau. Plötzlich, an diesem Nachmittag, kurz vor der Kollektionsübergabe, wird die Bandleiterin unruhig. Niemand weiß, warum. Es wird weiter geschnitten, genäht, gesteppt, aber die Bandleiterin bleibt nervös. Sie weiß aus Erfahrung, dass jetzt, in der heißen Phase, immer ein ziemlich ungemütlicher Besuch ansteht. Irgendwann läuft eine Figur in schwarzen Hosen und weißem Hemd durch die Gänge. Sie läuft so schnell, als betreibe sie das als Sport. Trotzdem entdeckt sie in diesem Schnelldurchgang rechts und links Fehler. »Und warum wird da drüben das rosa Futter in Schwarz genäht?«, sagt sie. »Das gehört in Beige. Und der Kragen da, der muss doch anders gesteppt werden. Was ist denn das für eine Naht? Die haben wir da aber nicht vorgesehen.«

Nachdem sie, ohne richtig stehen zu bleiben, sechs oder sieben Mängel entdeckt hat, verschwindet sie wie ein Spuk.

Die neue Mitarbeiterin stöhnt leise. »Die hat ja gut reden. Wir sind hier im Stress und die …«

»Hast du eine Ahnung«, sagt die Frau neben ihr. »Wenn's eng wird, hat die sich immer noch selber an die Maschine gesetzt und alles genäht. Auch Lederjacken. Sogar das Futter in die Lederjacken – das sind die niedrigen Dienste.«

Delegieren können ist das Zauberwort für alle, die in führenden Positionen sitzen. Inoffiziell verstehen die meisten darunter nichts andres als Dirigieren. Und gerade Männer träumen davon, Dirigenten zu sein: Die leben angeblich deswegen so lange, weil ihnen keiner widerspricht – Generäle werden ja auch alt. Aber wer einmal eine Probe mit verfolgt hat, die ein Riccardo Muti, Carlos Kleiber, Nicolaus Harnoncourt oder ein Simon Rattle leitet, stellt fest: Deren Wünsche werden nur deswegen weitgehend widerspruchslos erfüllt, weil sie bis ins Detail mitreden und selbst dem Triangelspieler noch erklären können, was er anders machen muss. Dirigent zu werden braucht um die zwanzig Jahre Lehrzeit. Und eigentlich müsste es mit allen leitenden Jobs so sein.

Ich weiß, dass es üblich ist zu zeigen, was man erreicht hat, indem man nicht mehr in die vermeintlichen Niederungen hinabsteigt. Jemand, der vom Tellerwäscher zum Millionär wurde, wäscht keine Teller mehr. Aber gerade im Modegeschäft ist es für mein Gefühl riskant, die Basis zu vergessen und damit das Handwerk. Denn wenn neue Ideen von oben verordnet werden, ohne jeden blassen Dunst, wie sie technisch umzusetzen sind, dann kann das Ergebnis nur ein fauler Kompromiss sein, zu Deutsch: schicker Pfusch.

Als ich bei Strenesse anfing, waren viele geschickte und bereitwillige Näherinnen da, aber sie hatten vor allem mit schweren Mantelstoffen Erfahrung. Chiffon oder Crêpe de Chine zu verarbeiten war für sie, wie wenn man jemandem, der bisher nur ausgezeichnete Spiegeleier gebraten hat, auf einmal sagt, er solle bitte ein Soufflé zubereiten. Veränderungen müssen unten wurzeln, wenn sie wachsen, Blüten treiben und nicht gleich wieder verwelken sollen. Gerade was Stoffe angeht, verändert sich dauernd derartig viel, dass jemand, der wie ich selbst neue Materialien erfinden hilft und die Weber dafür liebt, dass sie auf Anregungen eingehen, gar nicht anders kann, als dauernd zu büffeln. Was gibt es an neuen Fasern, an neuen Techniken, an neuen Möglichkeiten, die Oberfläche zu bearbeiten.

Und wenn ich den so genannten Erfolg in irgendeiner Hinsicht genieße, dann darin: dass wir bei den Stoffherstellern eine Vorzugsbehandlung genießen. Früher einmal waren wir die Letzten, die nach den großen und mittleren Designern gnädig eingelassen wurden bei den guten Produzenten. Dann haben sie festgestellt, dass diese Nördlinger etwas von Stoffentwicklung verstehen, haben schon sehr bald angefangen, mit uns zusammenzuarbeiten, und heute sind wir ihre Lieblinge.

Von außen betrachtet wirkt es befremdlich, dass sich ein Modedesigner derartig in das Haptische, ins Hinfassen, vertieft, anstatt sich aus Optische, aufs Hinschauen zu konzentrieren. Doch ich bin seit Jahren überzeugt davon, dass dieses viel zitierte optische Zeitalter zu Ende geht. Schon deswegen, weil wir lernen, unseren Augen nicht mehr zu trauen. Ausgetüftelte Computersimulationen täuschen uns doch Wirklichkeiten vor und täuschen uns damit perfekt. Sie können die Beine eines Models um zwanzig Zentimeter verlängern und Palmen wachsen lassen in Moskau. Und das macht uns bewusst:

Nichts ist leichter zu betrügen, als unsere Augen. Das Wort ›Augenzeuge‹ wird bald endgültig in Misskredit geraten. Vertrauen wir also lieber einem anderen Sinn. Dem, den wir am meisten vernachlässigen und der weitgehend unbestechlich ist: dem Tastsinn.

Gespür für Qualität entwickeln kann nur, wer hinfasst. »Nicht berühren« steht bei uns überall. Meine Mutter hat mich schon als Kind mitgenommen zum Stoffeinkauf. Und ich durfte im Laden das tun, was sie tat: Jeden Stoff anfassen, betasten, sogar an die Wange halten, um festzustellen, ob er auch nicht kratzt. Sie hat uns ohne große Worte beigebracht, was es bedeutet, das Leben in die Hand zu nehmen. Sie hat ihren Hefeteig von Hand geknetet und sehr vieles andere im Haushalt von Hand gemacht. Menschen, die sich nie die Hände schmutzig machen wollen oder auch nur Hand anlegen wollen, tun sich sehr viel schwerer, Qualitätsgefühl zu entwickeln. Wie elementar wichtig das Berühren ist, sollten schon Kinder lernen. Und ihnen das zu vermitteln erfordert keine intellektuellen Gaben.

Es ist sicher kein Zufall, dass ich nach der Geburt meiner Tochter entschieden habe: Eine Art von Erziehung übernehme ich – die zur Lust an der Berührung. Berührung berührt mich. Am meisten natürlich die mit Menschen, die ich liebe. Doch auch die mit Materialien ist für mich jedes Mal ein Erlebnis. Denn sie löst ganz direkte und tiefe Emotionen aus. Oft sind es glückliche, wohlige, erregende, manchmal überraschende, verblüffende. Ab und zu auch erschreckende oder angewiderte.

Wer heute Mode entwirft, muss sich um alles das nicht kümmern – sein Design kann trotzdem erstklassig sein.

Aber es wird eben eine andere Mode als die, die aus der haptischen Erfahrung heraus entsteht.

Mir war und ist das Wort ›Zeitgeist‹ immer fremd, denn geistig ist das, was ich mache, nicht. Es ist gefühlt, nicht gedacht. Deswegen haben wir uns schon vor Jahren zum Zeitgefühl bekannt. Also zum Gespür für das Heute. Und wer das entwickeln und trainieren will, muss hinspüren. So wie Coco Chanel: Als sie den Frauen endlich die Freiheiten der Männer zugestand – die Bewegungsfreiheiten vor allem –, wählte sie zu Recht männliche Stoffe wie Tweed oder pragmatische wie Jersey. Es gibt Materialien, die waren der Hippie-Ära angemessen: improvisierte, die arm wirken wollten, als wären sie nur aufgefunden. Es gibt Materialien, die waren in den üppigen 1980er Jahren richtig: schwer und reich. Und dann kamen solche, die dem Körperkult der Neunziger entsprachen, weil sie die Figur betonten – stretchige, dehnbare Fasern vor allem. Aber auch solche, die das Bedürfnis mancher Menschen nach glatter Perfektion bedienten wie die besonderen Nylons, aus denen Prada teure Kultobjekte fertigte. Gegenwelten dazu existieren freilich immer – da denke ich nur an Martin Margiela, Ann Demeulemeester oder Dries van Noten. Doch auch sie drücken von jeher ihr Zeitgefühl in Stoffen aus: Wenn Margiela das Fließende und Perfektionierte ganz entschieden vermied, dann traf er damit das Zeitgefühl von denen, die sich dem gefällig bequemen Mainstream widersetzen und sich nicht mittreiben lassen wollten in diesem Fluss.

Die Frage ist, was der Kreative selbst als wesentliches Zeitgefühl wahrnimmt. Und das hängt selbstverständlich davon ab, wo er lebt, unter welchen Menschen und Bedingungen.

Ich empfinde unser Jetzt als eine Phase des Zweifelns. Die Menschen sind auf der Suche, sie wollen sich nicht belasten, damit sie jederzeit aufbruchsbereit sind. Andererseits spüre ich, dass bei vielen ein Bedürfnis gewachsen ist, sich in ihrer Kleidung geborgen zu fühlen. Ich könnte auch sagen, sich von ihr verstanden zu fühlen. Also entsprechen dem Zeitgefühl Materialien, die leicht sind, aber emotional. Das, was ich mit meinem selbst erfundenen Wort ›hautig‹ nenne: Wer sie trägt, empfindet sie nicht als fremd, sondern wie eine zweite Haut.

Doch was macht sie dazu? Welche Stoffe, welche Oberflächen, lösen welche Gefühle aus? Das kann jeder feststellen, der sich selbst einmal einer Tastprobe aussetzt.

Überall auf der Welt werden von Spezialisten, Kennern und Laien Weine blind verkostet. Sie genießen es, einmal nur Geschmackssinn zu sein und ganz frei von festen Vorstellungen und Vorurteilen. Blindverkostungen sind immer Begegnungen mit der eigenen Ahnungslosigkeit. Deshalb machen sie bescheiden und überwach zugleich. Sie schärfen die Sinne, weil die das Einzige sind, auf die man sich in dieser Situation verlassen kann. Manche wundern sich, dass ich immer noch selber zupacke und jeden Handgriff, den ich von anderen verlange, auch selber ausführe. Mir ist das keine Last – ich trainiere ja dabei mein Feingefühl. Und das will geübt werden. Für jeden Geiger oder Pianisten selbstverständlich, für andere Berufe eigenartigerweise nicht.

Warum veranstaltet also keiner Blindbefühlungen? Der Effekt ist nämlich sehr ähnlich. Und wer sich mit seinem

Tastsinn näher befassen will, ob aus beruflichen Gründen wie ich oder aus rein privaten, sollte sich einmal dieser abenteuerlichen Erfahrung aussetzen. Am besten mit verbundenen Augen. Fell spüren, einen echten Schwamm, Leder, Vinyl, Kork, Seide und Tweed. Glattes und Raues, Dichtes und Poröses, Glitschiges und Trockenes.

Ob wir das Ertastete angenehm oder unangenehm empfinden, hängt nicht nur mit individuellen Erfahrungen zusammen. Sondern auch mit Stimmungen. Mit vielen Materialien umgehen zu können heißt also: mit ganz verschiedenen Stimmungen umgehen. Deswegen mache ich mich oft auch unbeliebt, indem ich Mitarbeiter trieze, ein bestimmtes gekrinkeltes oder rutschiges Material bearbeiten zu lernen.

Von denen, die mit uns arbeiten, ist jeder imstande, sich auf jeden Stoff einzulassen. Deswegen haben auch sie Zeitgefühl bis in die Fingerspitzen. Das lässt sich eben trainieren. Und das Training macht Spaß. Erst recht, wenn das Gefühlte nachher bestätigt wird: Da bildete ich mir eine Veloursledertasche in Beige und Braun ein, mit großen handgenähten Stichen, die etwas Afrikanisches hat. Und das schien einigen in der Firma völlig daneben. Altmodisch, »uncool«, wie sie sagten. Aber die meisten um mich herum haben gespürt: Diese Tasche passt zum Zeitgefühl. Wir haben sie produziert. Und sie wurde ein Verkaufserfolg.

Warum es ein großer Vorteil sein kann,
auf Kleinigkeiten herumzureiten

Es ist ein besonders schöner Juliabend, warm, duftend, leuchtend.

Sie sitzen im Garten hinter dem Nördlinger Altstadthaus. Seine beiden Kinder sind da, alle haben zusammen gegessen, ein paar Gläser Wein getrunken und versinken nun in wohliger Trägheit. Da steht sie auf und erklärt: »Ich muss noch mal rüber in die Firma.«

»Warum?«, will ihr Mann wissen.

»Ich muss die Farbkarten kontrollieren.«

Er weiß dass sie auf diese Karten, beklebt mit Stoffmustern, die auf der Messe auslegen, ungeheuren Wert legt. Doch es gelingt der Familie, sie zum Bleiben zu überreden. Es sei doch so ein besonders schöner Juliabend.

Am nächsten Morgen hört er in seinem Büro heftiges Geschrei aus den Räumen, in denen das Kreativ-Team sitzt. Es ist einwandfrei seine Frau, die da schreit. »Diese Farbkarten sind keine Spielkarten. So saumäßig, wie die geklebt sind, und so saudumm, wie die gelegt sind, kauft keiner bei uns ein. Mit nichts können wir mehr Emotionen wecken – wenn's stimmt. Und mit nichts können wir mehr verderben. Wenn's halt nicht stimmt.«

Pause. Stille. Da fängt sie noch mal an, ein klein bisschen leiser, aber genauso heftig: »Und wer nicht kapiert, dass es dabei um den Umsatz geht, um unsre Existenz, der ist hier am falschen Platz.«

An diesem Tag gibt es eine Spätschicht. Aber keiner beschwert sich.

Gefühle erwecken: Jeder Kreative will das. Aber nichts ist schwieriger, denn um die Gefühle wachzurufen, die ich wachrufen will, darf ich um Gottes willen eins nicht sein: gefühlsbetont. Das ging mir auf durch eine frühe Leidenschaft.

Ich weiß nicht, wann es genau geschehen ist. Aber ich habe mich Hals über Kopf in sie verliebt. Obwohl sie etwas machte, womit ich wenig anfangen konnte. Ich war vielleicht vierzehn. Und ich verfiel ihrer Stimme. Sie gurrte wie ein Taube, dann schrie sie, dann jubelte sie, dann zerging sie in Schmerz. Und ich reagierte genau, wie sie es wollte. Ich weinte und lachte und triumphierte und schluchzte. Wie festgebunden blieb ich da, keinen Schritt konnte ich wegtun vom Radioapparat. Meine Mutter hörte sich wieder mal ihre Kultsendung an, und die Frau, die da sang, hieß Maria Callas. Von da an hat es mich umgetrieben, eins herauszukriegen: Wie macht es diese Frau, Menschen derart mitzureißen? Hunderte anderer berühmter großer Sänger und Sängerinnen mit riesigen Organen und perfekter Technik haben das nicht geschafft.

Ganz langsam erst kam ich dahinter: Die Callas brannte für das, was sie sang. Und sie wusste, dass sie sich, um das so intensiv zu vermitteln, wie sie es fühlte, bis ins Detail genau sein musste. Es sind nicht die spektakulären Stellen, die Spitzentöne, die berühmten Koloraturen und die Gassenhauerpartien, die darüber entscheiden, ob jeder, der ihr zuhört, hingerissen ist. Es ist die Leidenschaft für das, was dazwischenliegt. Also für das, was andere weniger wichtig finden. Die Callas hat in jeden Ton, wirklich in jeden, und selbst wenn es nur so ein

Einwurf war im Duett, ihre ganze Seele reingelegt. Viele haben behauptet, sie habe sich zu sehr verausgabt. Aber das ist für meine Begriffe Blödsinn. Jeder, der etwas erreichen möchte, was andere Menschen berührt und bei ihnen Gefühle weckt oder sogar wie im Fall Callas ergreift, muss den Begriff ›Kleinigkeiten‹ aus seinem Wortschatz streichen.

Es hört sich sehr albern an, wenn eine Frau, die in Nördlingen Kleider entwirft, mit einem Jahrhundertstar wie der Callas argumentiert. Doch es gibt erstaunlich viele Frauen in unterschiedlichsten Berufen, die aus dem, was die Callas gemacht und gelebt hat, eine Art von Berufsgeheimnis herausdestilliert haben. Für mich war es eben die bedingungslose und rückhaltlose Hingabe an das, was andere nebensächlich finden. Oder wovon sie vielleicht gar nichts wissen.

Laien haben ja auch keine Ahnung, wie wichtig das Zwerchfell für den Sänger ist oder die Stellung seines Gaumensegels.

In meinem bescheidenen Fall sind so etwas vermeintlich Unwichtiges zum Beispiel die Farbkarten. Das sind für die Augen eines Laien banale Pappkarton-Rechtecke, auf die Stoffstücke geklebt werden. Aber diese beklebten Pappkartonrechtecke vermitteln die Stimmung einer Kollektion: ihre Farbigkeit und ihre Sinnlichkeit. Wie sie sich anfasst, wie sie abläuft, wie laut oder leise sie ist, wie kontrastreich oder kontrastarm. Werden die Karten schlampig geklebt und der Leim schaut an den Kanten raus, dann ist das – Entschuldigung – wie ein unsauber intonierter Ton oder ein schlampig ausgesprochenes Wort in einer Arie. Und wenn sie falsch gelegt werden, also in einer Abfolge, die beliebig ist, dann entspricht das einem Gesang, der da, wo es verhalten sein soll, fortissimo singt, und da, wo es um Gefühlsausbrüche geht, mit halber Kraft arbeitet. Es gibt in jedem Beruf diese Details, die für den Gesamteindruck wichtiger sind, als vieles, was wichtig wirkt. Die Sopranistin Christine Schäfer, die ich wegen ihres sensiblen Ausdrucks ungeheuer bewundre, hat mir mal gesagt, wie lange sie geübt hat, ein richtiges ›S‹ zu singen. Nicht zu scharf, nicht zu lasch, nicht zischend, aber hörbar. Genauso ist das mit den Farbkarten. Und auch wenn ich nie eine Callas der Mode werden sollte, werde ich nicht aufhören, an diesen Details zu fummeln. Genau sein ist etwas anderes als pedantisch sein. Aber jemand wie ich muss sich mit dem Gedanken anfreunden, dass andere ihn für einen Pedanten halten. Sogar meine Sippe sagt hörbar oder still: »Jetzt spinnt sie wieder«, wenn ich morgens schon um sechs in der Firma bin, bloß weil der Zuschneider kommt für die Prototypen. Tatsache ist: Von den Stoffen haben wir oft derartig wenig vorrätig, weil einfach noch nicht mehr davon produziert worden ist, dass einmal Verschneiden uns einen irreparablen Schaden bescheren würde. Also stehe ich daneben, bin pedantisch und vielleicht unsympathisch. Aber hinterdrein sehr froh.

Wann seltsames Verhalten erlaubt ist

Die neue Designerin kommt in ihr Büro zurück und wundert sich. Wo ist denn der Teller hin, auf dem sie ihren Leberkäse gegessen hatte? Grade eben hatte der noch auf dem Schreibtisch gestanden. Und wo ist das leer getrunkene Glas Apfelsaftschorle hin? Ach ja, und wer hat denn da die Zeitschriften ins Regal gestellt und die ganzen Stoffteile zusammengelegt und gestapelt? Haben da völlig unbefugte Personen Zutritt zu ihrem Büro – wo sie doch zum dem kleinen kreativen Team gehört, einem eng geschlossenen Kreis. Ihr ist unwohl bei dem Gedanken, dass hier Leute zu Gange sind, die von dem, was sie da macht, keinen blassen Dunst besitzen. So jemand wirft mal das Wichtigste weg. »Da musst du dich dran gewöhnen«, sagt die Kollegin und grinst. »Die Chefin räumt für uns alle auf.«

Mitarbeiter, die mich noch nicht kennen, halten mich oft für verrückt. Und mittlerweile habe ich mich daran gewöhnt. Es wirkt für sie bizarr, was für mich nur normal ist. Ich komme in Mailand an, in unserem Showroom. Jedem ist klar, dass jetzt die heiße Phase beginnt, im Juni auch noch klimatisch, denn direkt vor den Männermodenschauen ist Mailand oft ein Backofen. Die Hitze steht in den Straßen, die Leute sind erschöpft und matt und müssen nun ran. Stress in diesen Tagen ist so wenig zu vermeiden wie vor einer Prüfung, und eigentlich empfinde ich die Schauen auch nach wie vor als so etwas: Ich stelle mich dem Urteil und weiß nicht, wie es ausfällt. Das ist kein gemütliches Gefühl.

Modejournalisten, gerade die guten, sind alles andere als milde.

Und nun komme ich an, alle stehen in den Startlöchern, und verschwinde in der Küche. Was macht die da? Wundern sich die Neuen. Dort rede ich mit zwei Frauen, mit denen ich eigentlich nicht reden kann, denn sie sprechen nur Spanisch, wovon ich kein Wort kann. Ich erkläre ihnen mit Händen und Füßen, was und wie sie hier räumen und putzen sollen. Dann erst habe ich die Nerven, mich zu meinem Team zu begeben und loszulegen.

Ich weiß, das wirkt gestört. Aber ich liebe den Ausdruck: jemand wirkt aufgeräumt. Ordnung nur um der Ordnung willen, liegt mir nicht. Aber Ordnung, die etwas übersichtlich macht, liebe ich. Eine Freundin schenkte mir mal – nicht ohne leises Grinsen – für meine private Sammlung an schlauen Sprüchen, einen, der mich sehr beschäftigt hat. »Ungeordnete Leute fürchten sich immer vor geordneten.«

»Das steht bei Machiavelli«, hat sie dazugesagt. »In der Kriegskunst.«

Ja, jetzt sitze ich in der Falle. Das klingt so, als wollte ich, dass die anderen sich vor mir fürchten. Als sei ich ein heimlicher Machiavellist, machtversessen und eigentlich im Kriegszustand mit meiner Umwelt. Aber die, die mich kennen, wissen, dass ich aus rein egoistischen Gründen so ordnungsliebend bin. Ordentlich geworden bin ich nämlich deswegen, weil ich als Mädchen schon gemerkt habe: Aufräumen beruhigt mich. Beim Ordnen von Dingen ordne ich meine Gedanken. Sogar, wenn ich anderer Leute Dinge aufräume.

Dass Dumme an dieser Ordnungsliebe ist nur, dass sie eine Eigenschaft ist, mit der man sich mühelos unbeliebt macht. Speziell in einem Beruf wie meinem, der ja als künstlerischer angesehen wird. Denn in diesem Bereich gilt es als selbstverständlich, das Chaos zu kultivieren. Fast jeder hat diverse Zitate auf Lager, die Ordnung als Vergnügen der Vernunft und Unordnung als Wollust der Fantasie rühmen.

Clara, meine Tochter, hat mir beigebracht, Unordnung anzunehmen und sie zu mögen als eine Art von Unberechenbarkeit, die mich vital hält. Aber im Beruf liebe ich Struktur und brauche sie. Ordnen bedeutet für mich Klarheit herstellen, weil ich entscheiden muss: was ist wesentlich und was nicht, was wird jetzt gebraucht und was nicht. Gut, ich stelle ab und zu beruhigt fest, dass meine Ordnungsliebe mir auch Autorität verschafft, weil ich dadurch den Überblick behalte. Öfter aber spüre ich, dass meine Mitmenschen sich fragen: Muss das denn sein – dass sie die Spülmaschine einräumt, dass sie Zeitschriften sortiert, dass sie Dinge vom Boden klaubt, dass sie Stoffmuster zusammenlegt. Mittlerweile sage ich dazu nur: Das ist kein Altruismus, das ist Egoismus.

Ich bin ein Mensch, der Strukturen braucht und Ordnung um mich herum. Und ich leiste es mir, von ein paar Leuten für neurotisch gehalten zu werden, wenn mir diese Eigenheiten das Gefühl von Freiheit und Zufriedenheit geben.

Ich kann nicht leben, wo ich will. Ich kann nicht genau formulieren, was ich will. Ich kann nicht abhauen, wann ich will. Dann will ich wenigstens genau das machen, was ich gut finde. Das lasse ich mich einiges kosten an Zeit und Kraft. Und dafür höre ich auch drüber weg, wenn getuschelt wird: »Die spinnt. Die hat da einen Tick.«

Das muss ich besonders gründlich überhören, wenn es um das Hängen der Kollektionen geht.

Einem Laien muss es bizarr erscheinen, dass es irgendetwas Besonderes sein soll, Kleider auf eine Stange zu hängen. Geschweige denn so wichtig, dass jemand eine gewaltigen Aufstand macht, wenn es nicht stimmt. Aber ich mache jedes Mal wieder einen Aufstand und erlege mir selber die Knochenarbeit auf, die schweren Ständer in der Gegend herumzufahren. Und in einer Nachtschicht noch einmal alles umzuhängen.

Warum?

»Sag mal, räumt die denn selber ihren Kleiderschrank so ein?«, hat mich einmal eine Freundin gefragt, die dabei war, als Clara sich umzog. Ich befürchte, dass ich maßlos zufrieden ausgeschaut habe, als ich »Ja« sagte. Clara ist von sich aus darauf gekommen, ihre Sachen nach Anlass zu ordnen. Die Kleider für die Schule, zum Spielen, für den Sport, »für schön«. Sie hat sich das vielleicht abgeguckt, ohne das ich es bemerkt habe. Ihr müsste ich es wahrscheinlich gar nicht mehr erklären, dass jede Kollektion ihren Rhythmus haben muss, ihren unverwechselbaren Charakter. Sie hat eine bestimmte Ausstrahlung, die von vielen Dingen abhängt. Nicht nur von Farben, Formen und Materialien. Auch von der Mischung: wie viele Kleider, Hosen, Röcke, Blusen und Tops. Oder von den Kombinationsmöglichkeiten. Das Erscheinungsbild jeder Kollektion ist so komplex wie ein menschliches. Es gehören bestimmte Unregelmäßigkeiten dazu, Züge, die keiner erwartet hat, sogar bestimmte Widersprüche oder Spannungen. Und auch Launen, Verrücktheiten, unberechenbare Eigenschaften.

Wir fertigen jede Saison fünf solcher Musterkollektionen an, von denen eine in Nördlingen bleibt und vier dann in unseren Showrooms hängen, also in Mailand, München, New York und Tokyo – bei nun vier verschiedenen Kollektionen – Gabriele Strehle Damen, Strenesse Blue, GS Jeans und Gabriele Strehle Mens wear –, sind es also insgesamt zwanzig. Jede Kollektion umfasst rund 400 Teile, es sind also 8 000 hin und her zu schleppen. Diese Berge von Klamotten zu hängen, ist allein körperlich ein Kraftakt, als würde man einen Tag lang rund um die Uhr Holz hacken.

Weshalb sich der ganze Aufwand lohnt? Aus einem simplen Grund.

Die Kollektion ist der Star, das Talent, das die Menschen für sich gewinnen soll. In diesen Star haben viele Menschen alle ihre Kraft investiert. Und von ihrem Auftritt hängt nun alles ab. Und der Auftritt ist immer nur so gut, wie sie hängt. So, wie sie auf der Bühne des Showrooms erscheint, wird sie wahrgenommen, kritisiert, abgelehnt oder gemocht, vielleicht sogar gefördert und geliebt.

Hängt sie falsch, macht das alles zunichte, was in ihr steckt: Sie kommt nicht richtig rüber. Sie kann sich nicht entfalten und zeigen, was in ihr steckt.

»Andere Designer kümmern sich nicht um diesen ganzen Ballast«, werde ich immer wieder ermahnt. Kann sein. Aber ich bin eben kein Überflieger, sondern Bodenpersonal. Mir kommen die besten Ideen auch nicht, wenn ich alles von oben herab betrachte, aus erhöhter

Warte, sondern wenn ich mittendrin stehe – gerne auch mitten im Dreck – also in der Arbeit, bei der man ins Schwitzen gerät. Das ist kein eleganter Weg, es ist eben meiner. Und auf dem Feldweg erwartet keiner polierte Schuhe.

Warum Instinktsichere oft uncharmant wirken

Die junge PR-Frau, die sich um den Job bewirbt, ist nach Nördlingen gereist. Schließlich sitzt sie im Büro von Gabriele Strehle, am Tisch ihr gegenüber allerdings nur Gerd Strehle, mit dem sie schon ausgiebig geredet hat. Gabriele streicht herum wie eine Katze und gibt keinen Laut. Endlich setzt sie sich auch hin, redet und fragt noch immer nichts, schaut nur die junge Frau an, ihr Gesicht, ihr Haar, ihre Bluse, ihre Uhr, schaut, wie sie gestikuliert und wie sie lacht, spricht, den Kopf bewegt. Die junge Bewerberin legt eins zu und erklärt, was sie alles gelernt hat und was sie kann. Gabriele sagt noch immer nichts »Und ich kann außerdem…« Da kommt es ganz abrupt und ruppig: »Gut, dann beweisen Sie mir das.«

Von Instinkt und Intuition ist seit ein paar Jahren viel die Rede. In den 1990ern geriet der schwer lesbare Wälzer »Die Wolfsfrau« von Clarissa Pinkola Estés zum Überraschungserfolg in den USA. Es sprach über »Die Kraft der weiblichen Urinstinkte«. Und seit Bücher wie »EQ« von Daniel Goleman zum Weltbestseller wurden, ist es schon beinah ein Gemeinplatz, dass es nicht nur eine Intelligenz aus dem Kopf gibt. Sondern auch eine, die aus dem Bauch kommt. Plötzlich gilt sie etwas, diese gerade von Männern oft belächelte oder verspottete Art zu reagieren. »Intuition«, hat zum Beispiel Oscar Wilde gelästert, »ist der eigenartige Instinkt, der einer Frau sagt, dass sie Recht hat, gleichgültig ob das stimmt oder nicht.« Kein Wunder, dass Frauen versucht haben, instinktive und intuitive Reaktionen zu unterdrücken. Dabei wurden ebendie schon lange als typisch weiblich gepriesen. Die Schriftstellerin Anäis Nin hat schon vor einem halben Jahrhundert gesagt: »Frauen denken emotional. Ihre Sicht gründet auf Intuition.«

Vielleicht erklärt das auch, dass künstlerische Männer, die in sich die weiblichen Elemente kultivieren und ausleben, ebenfalls instinktbetont handeln. Der Geiger Yehudi Menuhin, zum Beispiel, hat seinen Schülern beigebracht, sie könnten nur dann kreativ sein – also kreativ mit Musik umgehen –, wenn sie sich ihrer Intuition überließen. Vielleicht verfallen auch deswegen Künstler, oft ohne voneinander zu wissen, auf verwandte Ideen: Sie gehorchen nicht dem, was der Verstand ihnen sagt, sie hören auf das, was die Intuition ihnen eingibt oder der Instinkt.

Wie auch immer: Schön, dass diese Eigenschaften endlich geschätzt werden. Schade, dass dabei vergessen wird, auf das große Problem hinzuweisen: dass die Bauchintelligenz nicht abrufbar ist. Ein gutes Gedächtnis oder ein geschultes Hirn funktioniert wie ein Gerät auf Knopfdruck: Sofort ist die gewünschte Information da. Deswegen wirken solche reinen Kopfmenschen professionell, schnell, zuverlässig und präsent. Wer aber seiner Bauchintelligenz vertraut – vielleicht, weil er wie ich nur damit wirklich gesegnet ist – muss mit etwas leben lernen, wovon all die klugen Autoren nichts verraten: dass man erst mal einfältig, langsam, vielleicht auch unhöflich, schwierig, menschenfeindlich wirkt. Ich befürchte, manchmal sogar etwas gestört. Doch die Bauchintelligenz braucht Zeit – und zwar ihre Zeit, bis sie sich meldet. Wie lang das dauert, weiß keiner. Es ist bei ein und demselben Menschen jedes Mal wieder anders, denn das Wesen von Intuition und Instinkt liegt ja gerade darin, das sie sich nicht eindeutig definieren und festlegen lassen.

Mein eigener Mann hatte früher Schwierigkeiten, mit meiner befremdlichen Art, auf alles Neue zu reagieren. Vor allem damit, wie ich Entscheidungen treffe. Ich erinnere mich noch genau an die erste Begegnung mit Thomas Elsner, einem Art-Director, mit dem wir mittlerweile seit über zwölf Jahren eng zusammenarbeiten. Gerd hatte ihn in unseren damaligen Münchner Showroom bestellt. Da saß er am Tisch mit dem Mann, der unsere PR machte, und wartete, dass ich mich dazusetze. Aber ich habe gespürt, dass ich noch nichts spüre. Dabei hatte er sich ein unübersehbar provokantes Punk-T-Shirt zu herausfordernd ruinierten Jeans angezogen. Doch solche überlauten Reize führen bei mir nur dazu, dass ich gar keine Reaktion zeige.

Er saß also da und redete, und ich entzog mich. »Du bist«, gestand mir Thomas später, »wie ein Tier im Showroom herumgetigert und hast mich nebenher dauernd beobachtet. Ich habe das genau gespürt.«

Es stimmt. Ich habe alles mögliche geprüft, geordnet, angefasst und mich sicher eine Stunde lang fern gehalten von dem Tisch, an dem die anderen saßen. Kann gut sein, dass es manche Menschen irritiert, wie ich mich da verhalte, aber diese Zeit lasse ich mir nicht nehmen, denn es ist meine Bedenkzeit: Währenddessen denkt mein Bauch. Und weil der eben keine Zeitangaben macht, wie viel er benötigt, kann ich auch keine Garantien abgeben und keine festen Zusagen machen.

»Irgendwann«, erinnert sich Thomas, »hast du dich dann hergesetzt, zugehört. Hast langsam zu fragen angefangen. Und dann habe ich gemerkt, wie sich die Situation langsam erwärmt hat, bis sie zum Schluss sehr warm war.«

Recht hat er: Auch warm werden kann ich nicht auf Abruf. Entweder ich werde es oder ich werde es nicht. Entweder beginnt es in mir zu lächeln oder es beginnt eben nicht.

Vielleicht bin ich deswegen ein Gesellschaftsmuffel, der größere Menschenansammlungen so weit es nur geht vermeidet. Denn wenn ich dort so reagiere, halten mich die Leute für eine Zicke, für eingebildet, schlecht gelaunt oder sogar feindselig.

Ich gebe selbst meinem Mann zu nichts und niemandem eine Meinung ab, wenn mein Bauch noch keine hat. Und da beginnen eben die Schwierigkeiten der Bauchdenker: Sie können den Kopfdenkern ihren Rhythmus nicht vermitteln, weil sie ihn nicht erklären können.

Instinkt erklärt sich nie. Das ist genauso wie mit dem Instinkt der Zugvögel – sie wissen einfach, wohin es geht. Sie verfügen offenbar über ein ererbtes Wissen, das in ihnen steckt. Mir scheint das einfach ein weiterer Sinn zu sein: ein Sinn für das, was kommt. Ein Sinn für die

Zukunft. Den kann ich in meinem Beruf sehr gut brauchen, und deswegen blamiere ich mich lieber einmal mit ungewöhnlichem bis ungebührlichem Benehmen, als ihn zu überhören oder zu übersehen. Ich müsste eigentlich sagen: zu überspüren, und finde es interessant, dass es dieses Wort nicht gibt in unserer Sprache.

Mir ist erzählt worden, eine berühmte italienische Modefrau stelle neue Mitarbeiter danach ein, ob sie astrologisch zu ihr passten. Eine Idee, die Männer fast alle haarsträubend finden. Auch wenn ich nie auf diese Idee verfiele, verteidige ich sie: Vielleicht ist die Astrologie ja nur ihr Vehikel für Menschenkenntnis. Vielleicht ist das nur ein vordergründiges Argument, hinter dem sich eben auch bei ihr der Instinkt versteckt. Und letztlich ist das doch eine der wenigen Freiheiten, die sich ein so genannter freier Unternehmer gönnen darf: die Menschen, mit denen er arbeitet, nach Gefühl und nicht nach Noten einzustellen. Über solchen äußeren Sicherheiten – Diplomen, Zeugnissen, Zertifikaten – vergessen wir nämlich allzu leicht unsere innere Sicherheit.

»Damit meinen Sie«, musste ich mir einmal sagen lassen, »wohl ihre Vorurteile.«

Nein – damit meine ich etwas, was wir zwar als Schatz bezeichnen, doch meistens wie Müll behandeln: den Erfahrungsschatz.

Wenn jemand, ohne in ein Rezeptbuch zu schauen, wunderbar kocht oder backt, dann verfügt er genau darüber. »Das hat sie im Gefühl«, heißt es, wenn eine Hausfrau ihr Gulasch, ihren Apfelkuchen, ihre Tomatensuppe wieder und wieder in derselben Vollkommenheit hinkriegt. Nur, was damit gemeint ist, ist die Summe von

Erfahrungen – denen sie eben Gelegenheit gibt, sich festzusetzen.

Treffen in Flordia im Frühling 2002. Unser Freund Roger, selber ein begabter Hobbykoch, steht mit mir in der Küche. Tabbouleh haben Sippe und Gäste verlangt – einen libanesischen Salat aus gequollenem Bulgur, vermischt mit gehackten Tomaten, Zwiebeln, Petersilie- und Pfefferminzblättern, mariniert mit Olivenöl und Zitronensaft. Das Rezept stammt von Roger aus Paris. Und Roger wundert sich, dass ich genau weiß, wie viel wovon reinkommt.

»Woher weißt du das?«, fragt er.

»Du hast mit mir doch schon vor einem Jahr mal Taboulleh gemacht«, habe ich gesagt.

Das nennen andre Leute dann Instinkt fürs Kochen.

Geschmackserfahrungen oder haptische Erfahrungen genauso zu speichern wie Daten, sind viele Menschen nicht mehr gewohnt. Aber es lohnt sich. Zu wissen, wann es stimmt: das ist eine Gabe, die fast alle besitzen. Nur können die meisten sie nicht nutzen, weil sie sie zugeschüttet haben. Doch ganz gleich, wann und wo das jemand bemerkt – die Ausgrabung lohnt sich.

ENTWARNUNG

Warum mein Kreis meine Mitte ist

»Der Angelo sieht schlecht aus«, sagt sie. »Das macht mir Sorgen.«
»Das musst du schon seine Sache sein lassen«, sagt ihr Mann. »Er ist ein sinnlicher Süditaliener, das verstehen wir nicht. Und er lebt halt, wie es ihm passt.«
»Und das ist so ungesund, dass der uns aus den Schuhen kippt. Deswegen lass ich das nicht.«
Der italienische Geschäftspartner ist ja vor allem ein Freund. Und seit er sein künstliches Hüftgelenk hat und sich noch weniger als sonst bewegt, sind die Ringe um seine Augen dunkler geworden und seine Haut ist noch stumpfer. Er geht wie ein alter Mann, dabei ist er erst Mitte vierzig.
In Mailand treffen sie zusammen. Angelo sieht wirklich schlecht aus, schlechter denn je. »Ich muss dich mal unter vier Augen sprechen«, erklärt sie dem Freund.
Im nächsten Monat fliegt er, der sinnliche Süditaliener, in die Nähe von Innsbruck. Der Aufenthalt ist bereits bezahlt. Von ihr. Sinnlich geht es dort nicht gerade zu: Es gibt in der Klinik des F. X. Mayr nichts zu essen als nackte Semmeln und nichts zu trinken als Milch. Und zu reden auch wenig, wäre da nicht der freundliche Deutsche, der italienisch mit ihm redet und ihm rund um die Uhr Gesprächsstoff liefert. Nach einer Woche ruft sie an. »Ich weiß, dass du mich

jetzt am liebsten umbringen würdest, aber ich hoffe, mein Bruder kümmert sich wenigstens um dich.«

Nach drei Wochen ist Angelo das Übergewicht los. Die schwarzen Ringe um die Augen sind verschwunden. Der Blutdruck ist normal. Und er geht wieder wie gewohnt. Wenn er an sie denkt, schüttelt er den Kopf und sagt. «Una pazza« – eine Verrückte. Und lächelt dabei.

Ziemlich viele Menschen sind mir sehr gleichgültig. Für Empfänge, Events, Gesellschaften, auf denen man charmant sein muss und diplomatisch zu Leuten, die einen gar nicht interessieren, bin ich restlos ungeeignet. Das heißt, für meinen Job bin ich von außen betrachtet so sehr vorherbestimmt wie ein Mensch ohne Stimmbänder für den Beruf des Sängers. Wenn ich mich allerdings für jemanden interessiere, dann ganz und gar. Ungeniert heftig bis hin zur Einmischung in private Angelegenheiten. Und auch das wirkt unpassend für eine Frau, die nicht anecken soll. Aber ich habe nun mal die Windschlüpfrigkeit eines rauen Holzquaders. Und auch wenn manche kluge Menschen meinen, ich verpulvre meine Energie durch diese Fürsorge, weiß ich, dass ich Recht habe. Und dass die, denen sie gilt, für mich wichtiger sind, als sie wissen.

Die strikte Trennung in Berufs- und Privatleben erscheint mir so natürlich, wie es die Mauer durchs geteilte Deutschland war. Ich weiß, dass es heute als professionell gilt, sich ein paar bezahlte Inspirationsquellen zu halten. Ich kann das nicht, denn wer mich anregen, im besten Sinn aufregen, animieren und inspirieren soll, muss mir nah sein. Viel mehr als solche modernen Konzepte hat mir immer die Artusrunde behagt, die Tafelrunde des Königs Artus. Lauter eingeschworene Getreue, die um einen Tisch sitzen. Es ist nicht zu klären: Sind es Kampfgefährten, die miteinander eng vertraut sind, oder vielmehr Vertraute, die eben miteinander kämpfen?

Genau das hatte ich immer zum Ziel. Und es ist eines der wenigen, das ich erreicht habe. Das Problem dabei: Ich wirke ziemlich seltsam als weibliches Artusrundenmitglied. Denn wenn die anderen von der Schlacht reden, die geschlagen werden muss, rede ich von Kartoffelsalat. Für meine Getreuen ist es wohl ziemlich anstrengend, dass ich auf einmal alles, was mich grade noch voll und ganz beschäftigt hat, vergesse wegen kleiner privater Belange. So unwesentlich diese Belange für andere auch sein mögen.

Ein Zimmer im Hotel Raffael in München. Das Zimmer, in dem Peter Schmidt, der Freund und Designer aus Hamburg, hier immer absteigt. Er ist angespannt. Kein Wunder: Es hat einen heftigen Krach mit uns gegeben, mit mir vor allem, weil er noch keinen Flakon für mich, für meinen ersten Duft entwickelt hat. Ewig hatte er neue Erklärungen, die ich für Ausreden hielt, warum er noch immer an der Flaschenform herumexperimentierte. Ich habe geweint und getobt und geschrien. »Du weißt, wie wichtig mir das ist. Wie viel davon abhängt. Wie viel Leute da dran hängen.« Für mich hat sich alles nur noch um diese Parfumflasche gedreht. Das mögen Außenstehende überzogen finden, aber ein Kreativer ist nun mal immer auch ein Besessener, der das, woran er grade arbeitet, für das Wichtigste auf der Welt hält.

Jetzt rückten mein Mann und ich an, um das Ergebnis von Peters Experimenten zu besichtigen.

Zu dritt saßen wir auf dem Fußboden. Peter packte die Flasche aus – einen schlichten Zylinder. Vollkommen einfach bis ins Detail. Ich habe gekreischt vor Begeisterung und ihn so stürmisch umarmt, dass sein neuer, teurer Lieblingspullover eine Laufmasche bekam. Vorn, quer über die Brust. Er sah plötzlich nicht mehr aus wie Peter Schmidt, der berühmte Designer, sondern wie ein kleiner Bub, den Tränen nah, weil ihm sein Eis in den Dreck gefallen ist. Es war unübersehbar, dass es ihm etwas ausmachte. »Zieh den Pulli sofort aus«, habe ich ihm in den Ohren gelegen. Und dann, nachdem ich den Schaden begutachtet hatte, gesagt »Den kriegst du jetzt nimmer. Zieh was andres an.« Die Flasche ist völlig vergessen.

Eine Woche später bekam Peter Schmidt ein Päckchen. Der perfekt restaurierte Pullover lag drin. Er rief umgehend an. »Bist du geisteskrank?«, sagte er. »Wo du nicht weißt, wie du mit vierundzwanzig Stunden auskommen sollst.

Aber hat dabei sehr zufrieden geklungen.

Ich bin kein ökonomisch denkender Mensch. Investmentdenken liegt mir nicht. Schon gar nicht emotional. Aber es gibt die Ökonomie der Aufmerksamkeit: Es lohnt sich immer, auf Kleinigkeiten, auf winzige Regungen, Wünsche, Verstimmungen zu achten. Nicht, weil es sich auszahlt. Sondern weil diese kleinen Aufmerksamkeiten viel Glück bringen können. Das weiß ich aus eigener Erfahrung.

Wie ein Raum duftet, macht viel von seiner Atmosphäre aus. Aber das, was bei uns als Raumduft üblicherweise verkauft wird, ist so atmosphärisch wie billiges Parfum. Da hat mir eine Freundin erzählt von einem Duftpapier, das sie schon seit ihrer Kindheit kennt aus dem Haushalt einer Pariser Großtante. Das sei dort, in Paris, ganz selbstverständlicher Teil jedes gepflegten Haushalts, und das gebe es dort immer noch in jeder guten Apotheke zu kaufen. Ich habe sehr aufmerksam zugehört und nicht dran gedacht, dass auch Roger am Tisch saß, der große Duftstoffexperte und noch größere Freund.

Zwei Monate später kommt Roger zu Besuch an den Tegernsee. Und mein Mann wundert sich, dass ich derart ausraste, als ich sein Mitbringsel auspacke: ein Großvorrat an jenem ›Papier d'Armenie‹.

Wenn es abbrennt in irgendeinem Ascher, dann bin ich bei Roger.

Und er ist bei mir. Sagt mir, was er gerade denkt, was ihn ärgert oder freut.

Mein Kreis ist meine Mitte – geometrisch Blödsinn, aber menschlich Lebenssinn. Und immer wenn mich wieder mal die Frage befällt: Ob ich das schaffe? Wenn ich umzingelt bin von Fragezeichen, dann weiß ich, dass ich ganz ohne Ausrufezeichen leben kann (ich hoffe, Sie finden keins in diesem Buch.) Aber nicht ohne Wegzeichen und Wahrzeichen.

Mein Kreis ist beides. Wegzeichen im richtungweisenden Sinn: Alles schließt sich, wenn es sich schließen muss. Und Wahrzeichen im übertragenen Sinn: Was meine Vertrauten für wahr halten, wird es auch. Vielleicht nur für uns.

Wegzeichen zu geben gehört zur Freundschaft. Und deswegen gefällt es mir so, dass Peter, wenn er uns auf

Sanibel Island besucht, jedes Mal wieder vom Auto aus anruft und wissen will, wie er nach der Brücke fahren muss, und ich ihm beim Zwiebelschneiden den ersten, beim Fleischklopfen den zweiten, beim Knoblauchzermahlen den dritten Tipp gebe, wo's langgeht. Er sagt mir das ja auch auf Wegen, die ich nicht kenne. Freunde sind die besten Wegweiser der Welt.

Und was den Kreis, den Freundeskreis, den Kreis der Vertrauten als Wahrzeichen angeht.

Die Zen-Mönche üben Jahre, manchmal Jahrzehnte, bis sie ganz ohne technische Hilfsmittel mit ihrem langen Pinsel und schwarzer Tusche einen vollkommenen Kreis schlagen können auf dem Papier.

Das würde ich gerne erreichen.

Ob ich das schaffe?

MEIN SINNLICHES ALPHABET

A

wie Augenstern. Gibt es einen schöneren Kosenamen? »Mein Augapfel«, sagen die prosaischen Menschen – das klingt nach Anatomie für mich. Aber der Augenstern ist magisch. So wie das Auge selber, durch dessen Pupille wir in den Schädel schauen. Und durch dessen Ausdruck ins Herz.

B

wie Basilikum. Dieses Kraut ist für mich das duftende Symbol meiner Italienliebe, denn dort habe ich es als junge Frau zum ersten Mal gerochen und gegessen – damals war es in der deutschen Küche vergessen. Dort hat mir auch ein Gastwirt erzählt, dass das Kraut aus Indien und Persien nach Europa kam, wo es – wie es heute noch die Griechen halten – aber vor allem als wohlriechende Zierpflanze gehalten worden ist. Köstlich schmecken frische Basilikumblätter übrigens nicht nur zu Tomaten, sondern auch zu Erbsen und oder im grünen Salat.

C

wie Charisma. Wie eine Blume ohne Duft kommen mir die schönsten Menschen manchmal vor. Und dann weiß ich, was ihnen fehlt: Charisma. Charisma bezaubert mehr als alle äußeren Reize. Und dass es am ehesten mit ›Ausstrahlung‹ zu übersetzen ist, finde ich sinnvoll: Strahlen kann nur, wer innerlich brennt – für etwas brennt.

Gleichgültige Menschen brennen nicht und haben deswegen kein Charisma. Leidenschaftliche und leidensfähige haben es. Und mit denen leide und liebe ich.

D

wie Daunen. In unseren Köpfen leben die Märchen. Und ich halte sie am Leben. Daunen gehören dazu. Das ist kindliches Geborgensein, eine Wärme, die keine Geräte braucht und keinen Brennstoff. Deswegen bette ich meine Liebsten, meine Freunde und mich nur auf Daunen. Moderne Füllungen hin oder her: Träumen kann ich nur auf Daunen gut. Und gute Träume sind wichtiger als aktuelle Untersuchungen.

E

wie Eintopf. Für mich so großartig, weil er das ursprünglichste aller Gerichte auf der Welt ist. Und weil er das symbolisiert, was Essen für mich bedeutet: das lustvolle Teilen. Es ist so einfach, Gäste zu bewirten. Und Menschen, die aus Osteuropas armen Ländern in unserem reichen Land gestrandet sind, stellen da oft fest, wie arm wir sind: Es fehlt uns an Gastfreundschaft. Und dazu genügt ein Eintopf.

Am besten ein Pichelsteiner wie bei uns daheim. Symbolisch auch die Weisheit der Köche: Wer einen guten Eintopf will, darf nicht alles in einen Topf werfen – nicht sofort jedenfalls. Lange wird das Rindfleisch geschmort für den Pichelsteiner, erst wenn es nach Stunden mürbe ist, kommen die Gemüse hinzu. Das Einfache kostet eben Zeit statt Geld.

F
wie Freizeit. Ich nehme das Wort ganz wörtlich und lasse mir die Freiheit dieser Zeit von nichts und niemandem einengen. Ich bin also der Horror der Freizeitindustrie und bin ein bekennender Ignorant von Freizeitparks und Freizeitprogrammen. Freizeit wird nur dann genüsslich lang, wenn wir die Uhren ablegen.

G
wie Grüner Tee. Lange, bevor er bei uns Mode wurde, habe ich ihn als mein Kraftgetränk entdeckt. Dass er das Immunsystem stärkt und Krebserkrankungen entgegenwirkt, habe ich erst viel später erfahren. Was mich von Anfang an begeistert hat: dass er ohne Teein wach macht und glasklar. Mir gefällt deswegen die japanische Tradition, in guten Hotels, für den Gast auf dem Zimmer ganz selbstverständlich eine Thermoskanne mit Grünem Tee gratis bereitzustellen. Eine Portion Wachheit.

H
wie Honig. Schon als Kind hat mir die Umschreibung des Paradieses gefallen als »das Land, in dem Milch und Honig fließen«. Die Farben des Honigs von lichtblond über bernsteinfarben bis mahagonibraun sind allein schon eine Lust. Vor allem aber ist Honig für mich bei jedem Frühstück ein Erntedankfest wert: Was uns die Natur, der Bienenfleiß, darin alles schenken an Medizin, fasziniert und rührt mich jedes Mal. Und weil guter Honig

immer aus einem eng umgrenzten Gebiet kommt, isst man mit ihm eben auch immer ein Stück jener Landschaft. Bei uns gibt es Honig aus dem Allgäu, aus Ottobeuren. Und jeder Löffel im Kaffee oder auf dem Brot schmeckt nach Heimat.

I

wie Insel. Sich beschränken können und zu sich kommen: darin sehen Weise Menschen das Geheimnis des Glücks. Nun bin ich nicht weise und brauche Hilfestellungen, um das Richtige zu tun. Die Insel hilft mir. Capri oder Sanibel, Giulio oder Salina : je kleiner desto besser. Denn jede ist ein Mikrokosmos, vollkommen in sich, und bringt mir bei, dass es mehr nicht braucht.
Welches Glück, sich zu konzentrieren.

J

wie Jasminblüte. Es ist ein Geheimnis, das auch die großen Botaniker nicht entschlüsseln können: warum gerade weiße Blüten oft besonders intensiv duften. Maiglöckchen, weiße Narzissen, Tuberose – und Jasmin. Die Jasminblüte besitzt für mich eine aufregend natürliche Erotik. Sie hat bereits alles von einem vollendete Parfum. Denn sie ist unschuldig und wissend zugleich.

K

wie Kühe. Natürlich bestreiten es die meisten, aber heimlich träumt fast jeder Mensch von Treue und Wahrhaftigkeit. Wenn ich die zu selten in einem menschlichen Auge erblicke, dann gehe ich im Allgäu auf eine Weide und sehe mir die Kühe an. Diese rehbraunen Rinder mit großen braunen Augen unter langen schwarzen Wimpern. Wie klug, wie gelassen – und wie treu schauen sie. Das ist Schönheit. Es hat mich nicht gewundert, als mir eine Freundin verriet, dass Aphrodite, die Schönheitsgöttin, in der Antike ›die Kuhäugige‹ genannt wurde.

L

wie Leinen. Das Wort ›Reinheit‹ wird heute dauernd missbraucht. Umso mehr sehnen wir uns nach reinen Dingen, die unverfälscht wie Quellwasser sind. Für mich ist reines Leinen etwas, das dieses Gefühl beschert. Es hat einen guten Charakter: es ist fest und doch fein, es gleicht zuviel Hitze und zuviel Kälte aus, es ist zart und belastbar. Ein reiner Freund. Und in Leinenbettwäsche zu schlafen, macht deswegen so ruhig. Generationen haben das gewusst, warum gerät das heute in Vergessenheit?

M

wie Magnolienbaum. In der Ruhe liegt die Kraft – das ist ein Spruch, der mir jedes Mal einfällt, wenn ich in Italien einen alten Magnolienbaum sehe. Breit und rund und mit glänzenden tief dunkelgrünen Blättern bekleidet. Es kümmert die Magnolie nicht, dass sie nur so kurz blüht. So explosiv und intensiv. Denn sie weiß, dass sie die Erste ist unter den Blüten der Bäume und uns deswegen so erfreut. Es ist wie bei Geschenken: Nicht die Größe macht es, sondern die Intensität des Erlebten.

N

wie Nähe. Berührung ist etwas Magisches. Nichts macht ruhiger und glücklicher. Nähe zu suchen ist ein urmenschliches, wunderschönes Bedürfnis. Denn Menschen, die sich nah sind, streiten nicht mehr. Deswegen versuche ich immer, meiner Mode das zu geben, was ich Hautigkeit nenne: Sie soll denen, die sie tragen, ganz nah sein.

O
wie Oel. Wer einmal dabei war, wie rein gepresstes Olivenöl entsteht, ist von da an voller Ehrfrucht für dieses Produkt. So viel Mühe kostet diese einfache Köstlichkeit und so viel Kenntnis, Erfahrung und Geduld. Öl steht für mich für Gesundheit. Olivenöl für die meines Magens und Darms, ätherische Öle für die meiner Haut und meiner Stimmung. Und Öle, wie sie bei einer ayurvedischen Behandlung in gleichmäßig dünnem Strahl auf den Körper geträufelt werden für die Entspannung.

P
wie Papier. Wer glaubt, in Zeiten des PC, der SMS, der E-Mail sei die Papierkultur vom Aussterben bedroht, den kann ich beruhigen: Überall auf der Welt entdecke ich herrliche Papierläden. In New York und Siena, in Hamburg, Paris und Florenz. Und natürlich in Tokyo, denn die Papierkultur in Japan ist von keiner Unkultur totzukriegen.
Ein Geschenk wird durch schönes Papier doppelt so schön, ein lieber Brief doppelt so lieb. Denn eine Hand spürt, was die schenkende, was die schreibende spürte.

Q

wie Quark. Manche Gerichte streicheln den Magen und das Gemüt. Für mich gehört zu denen der Quarkauflauf, wie ihn meine Mutter kochte: Aus nichts als Quark, Eigelb, Eischnee, etwas Zucker und Boskopp-Äpfeln. Das ist so leicht und so selbstverständlich, dass die ganze Welt auf einmal leicht und selbstverständlich erscheint. Ein preiswertes Zaubermittel.

R

wie Rose. Mich wundert es nicht, dass es keine Blume gibt, über die so viele Gedichte geschrieben worden sind wie die Rose. Sie ist magisch in jeder ihrer Gestalten. Ich liebe sie am meisten in ihrer altmodischen Form, weil sie da von alle den Romanzen und Liebesträumen erzählt, die in ihr stecken. Einen Rosentraum habe ich mir noch immer nicht erfüllt: einmal zur Rosenblüte nach Grasse zu reisen, jenen Ort in der Provence mit seinen 700 Hektar an Blumen- und Blütenkulturen für die Parfumherstellung. Dort will ich einmal in einem Rosenbett versinken. Wahrscheinlich stehe ich dann nicht mehr auf.

S

wie Sardinen. Ich liebe die Vollkommenheit des Einfachen. Paradebeispiel Sardinen. Mit nichts als Peperoni, Knoblauch und Öl verwandeln die Italiener sie in eine Deliktesse. Mehr bedarf's nicht.

T

wie Tegernsee. Ja, vieles an ihm ist schrecklich, vieles an ihm ist ein für allemal zerstört. Ich hasse diese protzigen

Hotels, die in Dubai stehen könnten, diese Boutiquen, die sich in Düsseldorf befinden könnten, diese Lokale, die überall auf der Welt so ausschauen. Aber diese enge Vermählung von Bergen und Wasser und dieses prickelnde, auch im Hochsommer noch erfrischende Wasser sind für mich ein Wunder, das sich niemals abnutzt.

U

wie Uhr. Zeitmesser ist ein erschreckender Begriff. Den wirklich ermessen lässt sie sich ja nicht. Aber an ihren Ablauf erinnert zu werden – das ist wie ein dauerndes ›Carpe diem‹ und das tut mir gut. Deswegen liebe ich schöne Uhren mit einem lebendig tickenden Uhrwerk, einem Herz und einer Seele. Eckige und ovale Uhren finde ich allerdings albern. Weil die Uhr ja an den Kreislauf des Tages, der Sonne, des Daseins gemahnen, muss sie rund sein.

V

wie Verdi. Die Lust und das Leid, der Schmerz und die Freude, die Trauer und der Jubel, die Ankunft und der Abschied, der Aufstieg und der Abstieg: Alles liegt in dieser Musik so nah beieinander. Deswegen ist sie für mich das Leben und belebend – und die ideale Inspiration bei sinnlicher Arbeit.

W

wie Wiener Schnitzel. Es gibt viele Beruhigungsmittel. Ein besonders bewährtes ist das Wiener Schnitzel, denn es ist wie ein Stück Kindheitsglück. Es sagt: Es ist doch alles gut, und das Gute geht nicht in Vergessenheit.

Allerdings wirkt dieses Mittel nur dann vollkommen, wenn es auch mit Sorgfalt gemacht ist. Also: Die Semmelbrösel selber frisch mahlen aus Semmeln vom Vortag oder aus frischem Brot, das im Backofen getrocknet wird. Klassiker sind so beruhigend, weil sie nie unpassend sind. Das Wiener Schnitzel beweist es.

X

wie X-Chromosom. Frauen denken mehr mit dem Bauch. Das liegt wohl am X. Denn im X kreuzen sich anschaulich die Wege in der Mitte.

Y

wie Y-Chromosom. Männer denken mehr mit dem Kopf. Das liegt wohl am Y. Denn im Y liegt anschaulich der Schwerpunkt oben und der Schwachpunkt unten.

Z

wie Zeremonie. Die Zeit aufhalten ist ein naiver, aber uralter Traum. Und es gibt eine uralte Methode, es zu schaffen. Sie nennt sich Zeremonie. Wer etwas zelebriert, der bringt die Zeit dazu, den Atem anzuhalten. Und sie wird tiefer und weiter und länger. Zumindest eine Zeremonie lang. Deswegen liebe ich Zeremonien, vor allem die, die keine Kirchen und keine Priester brauchen. Nur aufmerksame, genussfähige Menschen.

Bildnachweis

Die Abbildungen drucken wir mit freundlicher Genehmigung der folgenden Personen und Institutionen:

Bundesbildstelle: S. 126
Santi Caleca: S. 108
Thomas Elsner: S. 97, 98, 99, 100, 101, 102, 104
Helmut Fricke / Frankfurter Allgemeine Zeitung: S. 103
Christin Losta für die Deutsche VOGUE: S. 123, 124
Agentur mps: S. 105, 106
privat: S. 111, 116, 117, 118, 119, 120, 121, 122, 127, 128
Paul Schirnhofer für GALA: S. 125
smile management, London: S. 113 (Ellen von Unwerth), 114 und 115 (Mario Sorrenti)
© Strenesse AG: S. 107 (Paul Warchol), 109 (Keisuke Miyomoto), 110 (Foto Fink), 112

Die Deutsche Bibliothek – CIP-Einheitsaufnahme
Ein Titeldatensatz für diese Publikation ist bei
Der Deutschen Bibliothek erhältlich.

© 2002 Deutsche Verlags-Anstalt, Stuttgart München
Alle Rechte vorbehalten
Gestaltung und Satz: Brigitte Müller, Stuttgart
Druck und Bindearbeit: Clausen & Bosse, Leck
Diese Ausgabe wurde auf chlor- und säurefrei gebleichtem,
alterungsbeständigem Papier gedruckt.
Printed in Germany
ISBN 3-421-05676-5